Ingrid Wilke-Bury

Ochs am Berg

Eine Kindheit auf der »Hohen Tanne«

1940–1957

MIX
Papier aus verantwortungsvollen Quellen
Paper from responsible sources
FSC® C105338

Ingrid Wilke-Bury

Ochs am Berg

Eine Kindheit auf der »Hohen Tanne«
1940–1957

4. Auflage 2021

Bibliografische Information der Deutschen Bibliothek
Die Deutsche Bibliothek verzeichnet diese Publikation in der Deutschen Nationalbibliografie;
detaillierte bibliografische Daten sind im Internet über
http://dnb.ddb.de abrufbar.

4. Auflage 2021

Leipziger Straße 2, 63571 Gelnhausen-Roth
www.triga-der-verlag.de, E-Mail: triga@triga-der-verlag.de

Korrektorat: Ilka Würpel, Altena

Books on Demand GmbH, Norderstedt
Printed in Germany

ISBN 978-3-95828-281-0

Für Jutta und Monika
in Liebe

Inhalt

Meine lieben Töchter

Was wisst Ihr eigentlich von Eurer Mutter?

Ihr kennt sicher ihre Haltung und Einstellung zu Dingen im Leben, die Euch betreffen oder betroffen haben. Ihr kennt ihre Schwachstellen und kleinen Verschrobenheiten. Eine von Euch hat mir einmal vorgehalten, ich hätte nicht rechtzeitig loslassen können und ich soll Euch Euer Leben doch leben lassen.

Ich denke, ich bin ein Teil Eures Lebens, denn ohne mich, natürlich auch Euren Vater, hättet Ihr kein Dasein.

Wir Alten leben weiter in unseren Kindern und Kindeskindern.

Im Laufe der Jahre wird Euch bewusst werden, dass auch ich als Mutter zu Euerem Leben dazugehöre und vieles aus Liebe zur Familie von mir getan oder gesagt wurde. Ich bin sicher, einiges wird sich in Euren Familien wiederholen. So ist der Kreislauf der Generationen.

Mein Leben lang habe ich immer offen und ehrlich meine Meinung ausgesprochen, auch wenn dies manches Mal unangenehm für mein Gegenüber war. Ab und zu bin ich mit dieser Offenheit auch angeeckt. Aber jeder weiß bei mir genau, woran er ist.

Sicher ist Euch auch bewusst, dass Muttern ein sehr fleißiger und unbedingt zuverlässiger Mensch ist. Ich bin ein Stier, wie mein Vater es war. Stiere sind korrekt, fleißig und hundert Prozent zuverlässig. Von ihm habe ich übernommen, mir für jeden Tag einen Plan zu machen und diesen dann Punkt für Punkt abzuarbeiten und die erledigten Punkte zu streichen. Mein Vater, Euer Großvater, hat immer mit 1., 2. usw. angefangen und dann noch unterteilt in a) und b).

Diese Methode ist recht Erfolg versprechend, ein bestimmtes Pensum abzuarbeiten. Wurde das Tagesziel aber zu hoch angesetzt, so baut sich oft massiver Druck auf, wenn es nicht erreicht werden kann. Manches Mal habe ich unerledigte Punkte von einem auf den anderen Tag übertragen. Nach eventuell einer Woche, wenn die Arbeit endlich getan war, überkam mich ein Gefühl der Erleichterung und auch ein wenig der Befriedigung. Zeitweise haben mich meine Pläne total unter Strom gesetzt. Ihr wisst, dass ich niemals in den Tag hinein leben kann. Immer stecke ich mir Ziele.

Aber was wisst Ihr noch von mir? Mit wem und was habe ich als Kind gespielt? Wo bin ich zur Schule gegangen? Wann war ich glücklich? Was hatte ich für Gedanken, Pläne und Träume? So könnte ich Euch noch manches fragen, auf das Ihr heute sicher keine oder nicht so schnell eine Antwort wisst.

Als mein Vater vor vielen Jahren starb und ich seine Beerdigung vorbereiten musste, habe ich gemerkt, dass ich eigentlich von ihm und auch von meiner Mutter nicht viel wusste. In meinem Elternhaus wurde zu meiner Kindheit kaum miteinander gesprochen, diskutiert oder von früher erzählt. Ihr würdet heute sicher sagen: »Das war damals nicht in.« Alle versuchten, ihr Tagewerk zu erledigen. Meine Eltern waren beide berufstätig und nur am Abend zu Hause. Dann standen viel wichtigere Dinge an als Gespräche mit einer heranwachsenden Tochter. Vieles blieb unausgesprochen.

Wie gerne würde ich mich heute noch einmal mit meinem Vater oder meiner Mutter unterhalten. Das ist leider unmöglich geworden. Ein Gespräch mit meinen Eltern und Großeltern über Dinge und Fakten, die ich heute besser zu wissen glaube als vor Jahren, meine Eindrücke und Erfahrungen ein Leben lang in diese Gespräche mit einfließen zu lassen, meine Gefühle offenzulegen und mit ihnen darüber zu diskutieren - das wäre für mich heute das Größte.

Solange mir noch Zeit bleibt, möchte ich daher gerne ein paar meiner Erinnerungen zu Papier bringen, Erinnerungen an mein Elternhaus und meine Kindheit.

Es war eine schwere Zeit vor 68 Jahren. Doch die täglichen Probleme, mit denen meine Eltern und Großeltern zu kämpfen hatten und die es zu bewältigen galt, haben mich als kleines Mädchen nur wenig berührt. Ich denke, dass ich trotz aller Widrigkeiten eine schöne friedliche Kindheit hatte. Es lohnt sich, hier einige längst vergessene Erinnerungen aus der Schublade zu kramen und aufzuarbeiten.

Lang, lange ist's her!

Maikäfer, flieg

Kam man zur Türe herein, so stand das weiße eiserne Bett gleich auf der linken Seite. Gegenüber auf der rechten Zimmerseite war an der Wand ein kleines Waschbecken. Es war ein kleines Zimmerchen mit leicht schräger Decke nach vorne. Der Besucher schaute auf der linken Stirnseite auf zwei kleine Fenster, die den Durchblick in eine gemütliche Erkerecke freigaben.

Ich sehe das Bild vor Augen, dass mich eine freundliche ältere Schwester des St.-Vinzenz-Ordens, sie trug die große, weiße, gestärkte Flügelhaube, in besagtem kleinen weißen Waschbecken mit einem Lappen zart und vorsichtig abwusch und mich dann meiner Mutter in den Arm legte.

Das ist aber auch wirklich alles, an das ich mich gleich nach meiner Geburt erinnern kann. Niemand hat mir dieses große Erinnerungsvermögen an einen kurzen Moment vielleicht ein oder zwei Tage nach meiner Geburt bisher geglaubt, obwohl meine Mutter diese Beschreibung immer bestätigt hat.

Getauft wurde ich noch im Krankenhaus auf den Namen Ella Hildegard Ingrid Bury. Sicher wollten sich die barmherzigen, frommen Schwestern diese heilige Handlung nicht entgehen lassen. Meiner Mutter war es wohl recht so, hatte sie doch zu Hause viele Umstände mit der Angelegenheit gespart. Gleich zwei Patentanten standen mir zur Seite. Die eine die jüngere Schwester meiner Mutter, Brigitte genannt »Gitti«, und die zweite Patentante war die sehr stattliche Erscheinung der Mathilde Gattwinkel aus alter Hanauer Familie.

Maikäfer, flieg, mein Vater war im Krieg. Mit den Maikäfern flog Mitte Mai ein Telegramm mit der frohen Botschaft meiner Geburt nach Norwegen.

Endlich mit neun Tagen Verspätung kam das Telegramm an:

»11. Mai, Ingrid angekommen – wartet auf Papa – beide gesund – Komm bitte, Hilde.«

057 Telegramm **Deutsche Reichspost**

57 HANAU F 16 15 2205 =

aus

Aufgenommen Tag: Monat: Jahr: Zeit:

von: durch:

GEFR RUDOLF BURY FELDPOSTNR
20088 KNR 467 BLN N 4 =

Übermittelt Tag: Zeit:

an: durch:

Haupttelegraphenamt
Berlin

11. MAI INGRID ANGEKOMMEN WARTET AUF PAPA BEIDE GESUND KOMM
BITTE = HILDE +

Berlin N. 4

20088 467 4 11 +

Und prompt kam die Antwort:

»..., 20. Mai 1940

Ei der Deibel! Das ist aber eine Freude. Sackra, sackra – oh, wenn ich jetzt bei Dir sein könnte!

So kann ich Dir nur aus der Ferne von Herzen gratulieren, mein liebes Herzekind, und Dir innigst danken für die Mühe und viele Pein, die Du tapfer auf Dich genommen hast, um uns ein Kindchen zu schenken. Und ich hoffe, daß gar bald ein Briefchen kommt, das mir weiter bestätigen kann, daß es Euch beiden recht gut geht, daß Du nicht so sehr geplagt worden bist, daß die Entbindung nicht so lange gedauert hat.

Oh, wenn es die Zeit erlaubt, schreibe mir jede Kleinigkeit, ob Püppi viel schreit, oft die Windeln vollmacht und alles. Das interessiert mich alles sehr. Vor allem aber hoffe ich, daß mein Geißlein gesund ist und sich die Mitteilung des Telegramms bald bestätigt. Ist alles normal gegangen?

Wann ist das Kleinchen angekommen, kamst Du gut ins Krankenhaus und hat alles geklappt?

Natürlich bekam ich von allen Kameraden herzlich gratuliert. Auch Herr Oberstleutnant, Leutnant Sacré, Hauptmann Uschmann, und wie sie alle heißen, Hans Klein, Hauptfeldwebel Heinlein und alle miteinander lassen gratulieren und Dir und Püppi alles Gute wünschen. Wie ein Lauffeuer sprach es sich gleich bei meinen Kameraden herum.

Ja die Postverbindung, das ist eine faule Sache. Sicher kam das Telegramm gerade in der Zeit, in der sowieso 5 Tage Postsperre war. Das käme also für die Zukunft nicht mehr infrage, und wenn, dann liest Du es in der Zeitung. Wahrscheinlich erhältst Du meine Post schneller. Meine Post kann ab hier jeden Tag oder beinahe jeden Tag per Flugzeug abgehen. Deine Post jedoch kommt per Schiff über Oslo. Der Weg allein dauert ca. acht Tage. Wir, d. h. Herr Oberstleutnant, rechnet mit etwa 14 Tagen Laufzeit, die die Hanauer Post gebraucht, bis sie bei uns eintrifft. Ich hoffe aber, wie gesagt, daß hiervon die Postsperre von fünf Tagen abgeht.

Leutnant S. gab mir zur Feier des Tages heute Nachmittag frei. Ich ging zur Stadt und ließ mir erst mal meine Haare schneiden, dann aß ich zur Feier des Tages ein Stück Torte und einen Teller voll Schlagsahne und trank Kaffee dazu. Seitdem wir hier sind, bin ich überhaupt nicht mehr richtig zu Atem gekommen und muß Tag und Nacht bereitstehen, kann nur mal ein oder zwei Stündchen zu den Seen, wenn Uffz. Thaler mit Regiment, Feldpostamt und dergl. zu tun hat. Jetzt habe ich auch glücklich 3 verschiedene Telefonapparate neben mir stehen. Wenn ich auf der einen Leitung fertig bin, telefoniert die andere an, manchmal auch beide zusammen und gibt es oft einen großen Gulasch. Trotzdem es jetzt schon nach neun Uhr ist und ich dachte, bald Ruhe zu bekommen, um meinem lieben Frauchen schreiben zu können, bin ich doch im Laufe dieser ersten Seite schon 4-mal zum Telefon gerufen worden ...«

Aber so bald stand der Vater nicht zur Verfügung, um seiner kleinen Tochter die nötige Referenz zu erweisen. Da aber der Uffz. Rudolf in keine Kampfhandlungen verwickelt war und nur seinen Dienst auf der Schreibstube gewissenhaft und oft bis tief in die Nacht hinein versah, solches geht aus den noch vorhandenen Briefen hervor, fand er zwischendurch doch Gelegenheit, seinem Frischling einen Brief zu schreiben:

»Brief Nr. 48, ..., den 28. Mai 1940

Meine liebe kleine Ingrid!

Heute bekommst Du ganz allein einen großen Schreibebrief von Deinem Papi. Deine Mutti soll aber nicht eifersüchtig sein, denn Du liest ihr bestimmt vor, was ich Dir alles schreibe. Der Papi hatte heute Abend eine sehr große Freude und bekam Muttis zweiten Brief aus dem Krankenhaus vom 15.5. Ich lasse der lieben Mutti von ganzem Herzen danken, und gib ihr von mir ein ganz liebes Küßchen und streichele sie schön zart, so, wie es der Papi immer macht, schön zart, denn Du hast eine sehr, sehr liebe Mami. Sei nur immer schön artig zu ihr. Ich freue mich sehr und bin unsagbar glücklich, daß Mutti mir schreiben konnte, daß es Euch beiden gut geht. Sicher bist Du mit Mama per Auto – ganz wie die großen Leute – nach der Hohen Tanne gefahren. Der schöne Wald und die vielen Blumen dort sind doch fein, nicht wahr? Und wenn Du für Mutti erst selbst Blümchen pflücken kannst! Dann hilfst Du sicher auch dem Papili, die Blümchen zu gießen. Au, das wird fein. Und bis der Papi wieder nach Hause kommt, tröste mir die liebe Mutti und sei ihr Sonnenscheinchen, und wenn Du Dich gleich mit dem Papi gutstellen willst, so mußt Du mir dafür sorgen, daß die Mutti immer recht glücklich ist. Das versprichst Du mir sicher, das weiß ich ganz genau.

Mutti hat ganz recht, wenn sie schreibt, die Überfahrt ist mit Gefahr verbunden. Davon kann aber der Papa nichts schreiben. Mutti soll sich gar keine Gedanken machen, denn Vati hält es bestimmt für gut, und ganz im Vertrauen, er schreibt es nicht nur der Mutti, um sie zu beruhigen. Also falls es noch länger dauert als die 14 Wochen, bis Papili zurückkommt, so darf Mutti nicht traurig sein. Du mußt mir da helfen.

Leider kann ich Dir gar nicht von der schönen Schlagsahne schikken, die es hier gibt. Ich kann Dir verraten, Du würdest sagen: »Au fein!«, und Deine Mami könntest Du sehen, wie sie einen Luftsprung macht. Aber ein feines Kleidchen habe ich Dir gekauft, wenn es auch verboten ist. Es ist aus Wolle, ich glaube gehäkelt – Du verstehst das sicher viel besser als der Papi – und hat eine schöne dunkelrote Farbe. Es wird Dir sicher gut gefallen. Du mußt ja noch ein bißchen größer werden, bis Du es anziehen kannst, vielleicht 1 Jahr alt. Da wir gerade bei Wolle sind, denke Dir, Papa hat gewaschen in einer klei-

nen Waschschüssel auf dem altmodischen Herd. Und in die Waschschüssel ging gar nicht viel hinein und mußte ich 3-mal die Wäsche kochen. Beim dritten Mal hat der Papa seine wollenen Strümpfe, die sehr schmutzig waren und die nicht früher sauber werden wollten, eine Viertelstunde lang gekocht. Und dann waren sie so klein, daß Du sie hättest anziehen können. Das hättest Du bestimmt besser gewußt als der Papa. Und der Mama hat der schöne Anhänger gut gefallen, das freut mich sehr. Du bekommst später auch ein schönes Halskettlein geschenkt. Jetzt weiß ich gar nicht, ob ich Dir das Kleidchen schicken kann. Ich muß mal eine gute Gelegenheit ausforschen. Sicher hat Dir Mutti schon erzählt, daß ich ein guter Forscher bin.

Jetzt sitzt Dein Papa in seinem abgedunkelten Zimmerchen. Den ganzen Tag hat es geregnet und heute Abend kam dann doch noch einmal die Sonne und ich konnte die hohen Berge wunderschön klar sehen. Der Papa hat ein schönes Zimmerchen, zwar sehr klein, so wie in der Yorkstraße das Eßzimmer, aber dafür auch ganz allein. Der Leutnant macht auch nicht viel Unordnung und hat seinen Tisch. Er ist gar nicht sehr häufig da. Das schöne Bett wollten sie dem Papa doch wieder erst abnehmen und behaupteten, das hätten sie sich mitgebracht.

Du mußt wissen, daß jeder für seine eigenen Angelegenheiten selbst sorgen mußte, einer hat sich sogar seine Badewanne mitgenommen. Papa hatte nur ein Nachthemd mitgenommen. Damit nun das Bett anders aussieht, hat der Papa die vier Messingkugeln und Messingstangen abgeschraubt und dann kannte niemand mehr das Bett. Und jetzt schläft es sich fein darinnen. Alle geben immer besonders acht, wenn der Papi kommt, besonders die Offiziere in den anderen Geschäftszimmern, da Papi ein großes »Organisationstalent« hat.

Es hat den Papa aber noch nie einer erwischt, nur wissen sie, daß der Papa immer alles hat, was er gebraucht. Auch ist Dein Papa erfinderisch.

Da war in dem vorhergehenden Geschäftszimmer, in dem Papa arbeiten mußte, die Sache so, daß sich alle anderen mittags in die Sonne legen konnten bis 14.00 Uhr, während Papi immer sprungbereit bei seinen Telefonapparaten sitzen mußte, falls jemand kommen sollte. Gegenüber war so ein großer Felsen und Papa dachte immer, wie schön es sein müßte, sich darauf sonnen zu können. Jetzt lief aber um das Haus ein tiefer Graben. Der Papa hätte zum Fenster rausspringen müssen, dann in den Graben, dann an der anderen Seite hoch und endlich konnte er auf den Felsen klettern. Wenn es jetzt telefoniert hätte und der Papa hätte den umgekehrten Weg gehabt, dann hätte das viel zu lange gedauert. Nun schnüffelte der Papa lange herum und fand einen langen Verschlag, sägte ein langes Stück heraus und legte das eine Ende durch das offene Fenster auf den Schreibtisch. Das Brett führte über den Graben hinweg bis vor den Fuß des Felsens. Wenn nun der Apparat klingelte, war der Papi mit ein paar Sätzen über das Brett und durchs Fenster im Zimmer. Das hätte Dir bestimmt auch Spaß gemacht. Jetzt war nur noch zu überlegen, wie man es machen müßte, um zu hören, wenn jemand ins Zimmer kommt. Papa legte den Zeigefinger an die Stirn und dachte lange nach, wollte erst eine Kordel zum Felsen spannen, aber das konnte nichts werden. Drum baute der Papa mit alten Blechschaufeln hinter die Tür eine Einrichtung, die umfallen sollte. Papa wollte es gerade mal ausprobieren und hatte auf dem Felsen etwas liegen gelassen, was er aber rasch noch holen wollte. Da kam der Herr Leutnant und mit großem Radau, den Papa auf dem Felsen gut hören konnte, fiel alles um. Also funktionierte die Alarmeinrichtung prima.

Jetzt habe ich Dir schon einen längeren Brief geschrieben, als ich erst wollte. Da wird Mutti ganz traurig sein, wenn sie sieht, wie lange Du lesen kannst, und sie bekommt gar keinen. Ich will jetzt schliessen. Bitte grüße die liebe Großmutter recht herzlich von Papili und sei auch immer schön artig gegen sie. Und Mutti gibst Du sehr viele liebe Küßchen von mir und machst schön zart »eia, eia, Mami«. Und Du bekommst auch ein süßes Küßchen von Papi.

Ich habe Euch <u>sehr</u> lieb!!«

Aber von alldem wusste ich nichts. Ich war einfach nur da und noch sehr klein.

Bis Vater und Tochter sich das erste Mal kennenlernten, verging noch ein Vierteljahr.

Opa und Oma Dinse

Das Standesamt Magdeburg verzeichnet unter der Register-Nr. 308 am 07. Oktober 1910 die Eheschließung zwischen dem Ingenieur August Adolf Robert Walther Dinse, geb. am 06. Okt. 1881 in Chemnitz, und der Friederike Dorothea Ella Kaese, geb. am 15. April 1888 in Magdeburg-Neustadt (eingetragen am 29. November 1910).

Opa und Oma habe ich nur als alte Leute – eben Opa und Oma – in Erinnerung. In jungen Jahren müssen sie ein fesches Paar gewesen sein. Oma Ella war eine bildhübsche Frau und Opa sah meines Erachtens wie ein Operettenstar, wie ein Zigeunerprimas aus. Als ich meinen Großvater mütterlicherseits kennenlernte, war er jedoch schon 59 Jahre alt. Für die Vorstellung eines Neugeborenen also ein Tattergreis allerhöchsten Grades. Meine Großeltern gehörten von Anfang an zum Inventar meines Elternhauses. Sie waren da, als ich ins Haus getragen wurde. Erst war nur Omama

Oma und Opa Dinse

bei uns und half bei allen anfallenden Arbeiten. Großpapa weilte berufsbedingt noch für einige Zeit in Laupheim. Er war dienstverpflichtet bei der Firma Focke-Wulf und konstruierte Flugzeuge. Aber eines Tages fuhr auch Opa vor dem Haus Nr. 49 vor, und zwar mit seiner großen Indian-Maschine, einem Motorrad mit Beiwagen. Dieses Gefährt war sein ganzer Stolz. Der Überrest dieses großen Motorrades ist ein dekorativer Indianerkopf aus silbrigem Metall, der bei mir schon mehrere Jahre als Briefbeschwerer auf meinem Schreibtisch steht.

Meine Mutter wollte in dem neuen Haus auf der Hohen Tanne offensichtlich nicht mit mir alleine sein. Entweder war ihr die Arbeit mit »der kleinen lustigen Ingrid« zu viel oder sie fürchtete sich. Immerhin grenzte der Wald damals noch hinten direkt an unser Grundstück. Die Hohe Tanne war noch nicht so dicht besiedelt, wie sie das heute ist. Nur einige wenige Häuser bildeten ein kleines grünes Paradies vor den Toren Hanaus. Das Paradies war anfänglich wahrlich paradiesisch. Es war als solches kaum zu erreichen und entfliehen konnte man demselben auch nur schwerlich. Die Straßenbahn, später der Bus, fuhren nur bis zum Beethovenplatz. Um das mit Grün bepflanzte Rondell, in dessen Mitte damals noch kein Springbrunnen sein Wasser in die Höhe trieb, lagen die Schienen der Straßenbahn und es gab eine Haltestelle. Die Fahrgäste stiegen ein und aus. Der Schaffner klingelte ab, und dann fuhr die Straßenbahn wieder rundum in Richtung Innenstadt. Eine Weiterfahrt Richtung Siedlung Hohe Tanne kam ihr nicht in den Sinn.

Und ein Auto? Wer hatte denn damals schon ein solches. Ein gebrauchtes Auto haben sich meine Eltern erst viel später geleistet, als ich als Kostenfaktor aus dem Hause war.

Unsere Anschrift war einfach nur »Hohe Tanne Nr. 49«. Straßennamen waren nicht vonnöten. Mit wenig geistigem Aufwand waren die erbauten Häuser noch zu zählen. Unser Haus war das 49. vor Ort. Alle Anwohner kannten sich und halfen einander – oder auch nicht – so gut es eben ging.

Mein Großvater war ein gescheiter Kopf und studierter Maschinenbauingenieur. Er konstruierte und zeichnete Lastkräne und Laufkatzen für große Hafenanlagen. Aus beruflichen Gründen sind meine Großeltern im Laufe ihres Lebens neunmal umgezogen. Die Hohe Tanne war für sie Endstation. Im Hause Hohe Tanne 49 war selbstverständlich mein technisch versierter Großvater zuständig für Technik, Reparaturen aller Art und Farbe. Opa Walther war ein ganz großer Tüftler. Dieses verantwortungsvolle Amt behielt er auch später bei, als mein Vater endlich wieder zur Familie gehörte, denn Vati hatte absolut zwei linke Hände. War etwas entzweigegangen, so galt das geflügelte Wort: »Gib es Opa, Opa macht's.« Und er reparierte alles wunderbar und pinselte mit übergroßer Leidenschaft. Seine Lieblingsfarbe war ein tiefes, sattes Rotbraun. Es könnte natürlich so gewesen sein, dass er nur diese eine Farbe kaufen oder organisieren konnte. Wahrscheinlicher ist jedoch, dass er sie aus mehreren Farben zusammenmischte. Details entziehen sich völlig meiner Kenntnis. Ich weiß nur, er strich alles, was ihm in die Quere kam, leidenschaftlich und voller Hingabe: den Holzzaun, der das Grundstück einfasste, die Rollläden an den Fenstern, die Blumenkästen, die Mauer um die hintere Terrasse, seine Dosen für brauchbare und rostige Nägel – schlichtweg alles! Seine Nase wurde schelmisch spitz bei dieser Arbeit und man konnte ihm seine Freude ansehen. Überhaupt war mein Opa ein liebenswerter, kluger, lustiger und froher Mensch. Er war immer zu Späßen aufgelegt. Bei Familienfesten – und nach Ende des Krieges feierte man gerne wieder, es bestand geradezu ein großer Nachholbedarf – gab er oft die kleinen munteren Lieder zum Besten wie z. B. das Couplet vom »Rentier Dase mit der roten Nase« oder seinen Vortrag: »Es gibt immer zwei Möglichkeiten!« Ich erinnere mich noch gut daran. Jahre später, als ich ihn nichts mehr fragen und auch nicht mehr mit ihm sprechen konnte, habe ich beim Ausräumen meines Elternhauses noch einige Gedichte, alte Hochzeitszeitungen und kleine amüsant gemalte Bildchen aus seiner Hand gefunden.

Oma Ella war aus anderem Holz geschnitzt. Sie war bildschön, aber nicht so gebildet. Das stellte ich als Kind schnell fest. Sie hatte nur Grundschule und dann den Beruf der Weißnäherin gelernt. Ein guter üblicher Beruf in dieser Zeit für heranwachsende heiratsfähige junge Mädchen. Bis sie meinen Opa heiratete, hat sie wohl unzählige Stunden und Tage damit zugebracht, diese wunderschönen großen Monogramme »EK« für Ella Kaese in ihre Aussteuerwäsche zu sticken, die wir teilweise heute noch bewundern. Leider musste oder habe ich im Bemühen, mein Elternhaus in kurzer Zeit auszuräumen, manches zu schnell und zu früh entsorgt. Das bereue ich heute sehr. Ein paar dieser exakt gestickten Monogramme sind noch erhalten und für mich und meine Töchter in kleinen Bilderrähmchen, ich habe diese auf dem Flohmarkt gekauft, eingerahmt. Wenn das Oma wüsste! Das ist schon eine tolle Sache, wenn die Schneiderin im Hause wohnt. Während des Krieges oder danach kann solch eine Perle alles, so ziemlich alles retten. Unsere Schneiderin hieß Oma Ella. Ihre Nähmaschine stand unten in der sehr geräumigen Garderobe gleich unter dem Fenster. Sie beherrschte ihre »Gritzner-Nähmaschine mit versenkbarer Spule« so perfekt, dass immer noch genug Zeit bei der Arbeit verblieb, einen Blick auf die Straße zu werfen. Leute beobachten ist eine tolle Sache. Oma wusste immer genau, wer wen besuchte und wer wo was eingekauft hatte. Kleidung gab es nur auf Karte. Und so wurde die vorhandene Wäsche von ihr wunderschön geflickt, ausgebessert, gewendet und angesetzt. Dieses Handwerk verstand sie perfekt. Sie nähte aus alten Kleidern neue hübsche Kleidchen für mich.

Gemeutert habe ich erst, als ich älter wurde und die Sache mit dem Umändern meines Erachtens doch eines Tages zu weit ging. Mutti und Oma hatten sich ein Paket mit Klamotten bei Witt-Weiden bestellt. Leider saß eines der Kleider, das für meine Oma gedacht war, nicht so richtig und stand ihr wohl auch nicht so gut zu Gesicht. Kurzum, es fiel bei der Anprobe durch. Ich muss sagen, es hatte auch ein ekliges beige-braunes Muster. Jetzt kommt der Knüller! Die beiden Damen waren zu bequem, dieses Kleid wieder einzupacken und das Paket auf die Post zu tragen. Man beschloss daher im Familienrat, aus diesem ollen Kleid sollte eines für mich geschneidert werden. Da habe ich das erste Mal so richtig aufgemuckt und es hat auch Tränen gegeben.

Von meiner Oma kann ich noch viel erzählen. Sie hat mich großgezogen und alle praktischen Dinge, die man als Mädchen so für das Leben braucht, hat sie mir beigebracht: Sticken, Knöpfe annähen, putzen, Kuchen backen, häkeln und stricken. Vorerst blieb es wegen meiner ach so kleinen ungeschickten Finger nur bei Topf- und Waschlappen, obwohl auch diese oft etwas windschief ausfielen. Mit dem Kochen hat sie es wohl auch versucht, jedoch habe ich hier sehr schnell kapituliert. Denn drei Frauen in der Küche (Oma, Mutti und ich) das war auf Dauer doch nicht das Rechte. Gerne ergriff ich die Flucht. Jahre später habe ich dann geheiratet und konnte noch nicht einmal Frikadellen zubereiten. Musste dafür in das Kochbuch schauen. Mein Mann hat sich jedoch bis heute nicht beschwert. Er lebt ganz gut mit den Kochkenntnissen, die ich im Laufe der Jahre dazugewonnen habe.

Zu Lebzeiten habe ich es leider versäumt, Oma zu bestätigen, dass sie eine perfekte, wunderbare Hausfrau war. Sie konnte geradezu alles! Und erst ihre Suppen und Soßen. Tagelang hat sie hierfür in einem großen Topf auf dem Kohlenherd Knochen ausgekocht, damit, wie sie sagte, auch die nötige Kraft drinnen war. Als der Brotkorb immer höher gehängt werden musste, war sie es, die jeden Samstag wie ein Gesetz mit dem Fahrradanhänger nach Wachenbuchen per pedes losging, immerhin ein Weg von vier Kilometern, um dort bei den Bauern Naturalien zu erbetteln oder einzutauschen. Und so wanderte manches Stück aus ihrer Mitgift, ihrem Haushalt, von Hand zu Hand an andere Besitzer.

Sicher hatten sich meine Großeltern vorgestellt, eines Tages wieder einen eigenen Haushalt zu haben und nur vorübergehend der Tochter unter die Arme zu greifen. Ihre Möbel hatten sie für die Übergangszeit, wie sie dachten, in Hanau in einem Lager der Firma Spielzeug-Brachmann untergestellt. Alles ging dann bei dem großen Angriff auf Hanau am 19. März 1945 in Schutt und Asche unter. Das Inventar wie Porzellan, Wäsche usw. war in großen Holzkisten verstaut worden und lag auf unserem Dachboden. Mit der Zeit nahmen die Schätze jedoch rapide ab, damit wir satt wurden. Es müssen schwere Wege für Oma gewesen sein. Manches Mal ging auch ich als kleines Mädchen mit, durfte natürlich auf dem Hinweg im Wagen sitzen. Wie glücklich war ich, als ich vom Bauern Stein in Wachenbuchen einmal ein Schmalzbrot auf die Hand bekam. Meine Mutter war selten dabei.

Der wöchentliche Hausputz war arbeitsmäßig aufgeteilt. Meine Mutter war oben für den ersten Stock des Hauses zuständig und meine Oma unten für das Parterre. Wenn ich heute an meine Großmutter Ella denke, fallen mir viele Momente fröhlichen Kindseins ein. Einmal sitze ich auf ihrem Schoß in der Küche und sie singt mir Kinderlieder oder Hoppereiters vor und ein anderes Mal gibt sie wieder eines ihrer unzähligen Sprichwörter zum Besten. Sie hatte für jede Gelegenheit eines parat. An »Gebrauche Bürste erst und Besen, danach darfst du im Buche lesen!« denke ich heute noch sehr oft.

Als Neunjährige mit den ersten Englischkenntnissen aus der Schule habe ich dann versucht, meiner lieben nicht sehr gebildeten Oma Englisch beizubringen. Immer wieder habe ich ihr »blue«, also blau, vorgesagt und sie musste das Wort wiederholen. Oder wir haben es mit »good day« versucht. Es blieb beim Versuch und wir hatten Spaß.

Wie hatte mein Vater in seinem Brief geschrieben: »… bitte grüße die liebe Großmutter und sei auch immer recht artig gegen sie.« Ich gab mir Mühe. Aber immer war ich das nicht. Gab schon mal freche Antworten oder nervte sie mit dem immer gleichen Ausspruch wie »schnick, schnack«, bis sie mir mit der Elle in der Hand um den Küchentisch herum nachlief und mich, hätte sie mich zu fassen bekommen, auch sicher gemaßregelt hätte.

Heute kann ich von mir behaupten, dass ich immer ein fleißiger Mensch war. Immer habe ich alles, was an Arbeit getan werden musste, auch erledigt. Natürlich gab es auch Dinge, die ich nicht gerne gemacht habe. Aber auch diese bin ich angegangen nach dem Motto: »Augen zu und durch«. Irgendwie muss man im Leben oftmals hart gegen sich selbst sein. Es macht keinen Sinn, sich um unangenehme Arbeiten lange herumzudrücken. Das bringt nichts. Am besten ist es, man beginnt gerade mit den unangenehmen Sachen, dann sind diese schneller erledigt und es bleibt genügend Zeit für die angenehmen Dinge des Lebens. In diesem Sinne hat mir meine Großmutter mit auf den Weg gegeben:

Sage nie: Das kann ich nicht!
Vieles kannst du, will's die Pflicht.
Schweres kannst du, will's die Liebe,
darum dich im Schwersten übe.

Schweres fordern Lieb' und Pflicht.
Sage nie: Das kann ich nicht.

Oma, ich danke dir heute dafür, dass du mich zu einem arbeitsamen und fleißigen Menschen erzogen hast.

Muttertag

Heute am Sonntag, dem 11. Mai, ist Muttertag und gleichzeitig auch mein Geburtstag. Achtundsechzig Jahre werde ich alt. Hier bei uns auf dem Dorfe sagt man: »So alt wird keine Kuh!« Das ist zwar wenig schmeichelhaft, jedoch Tatsache. Meine beiden Töchter haben mir immer leidgetan, Muttertag und mein Geburtstag so dicht aufeinander. Da sollten sie immer gleich für zwei mütterliche Feiertage Aufmerksamkeiten parat haben, die Armen. Sie wussten aber auch und wissen es noch heute, wo sie längst auch »ihren« Muttertag feiern können – sie sind mehrfache Mütter – dass ich vom Muttertag, wie er im Kalender vorgegeben ist, noch nie viel gehalten habe. Für mich ist dieser Tag genauso unwichtig wie der im Kalender eingetragene Totensonntag. Warum sollen wir an unsere Mütter wie auch an die Verstorbenen nur an diesen Kalendertagen denken? Ein liebes Wort, ein kurzer Anruf, ein kleines Gedenken oder auch ein kleines Geschenk, welches spontan aus Kindermund oder Kinderhand an die Mutter weitergegeben wird, machen so glücklich und geben so viel Freude.

Ann Jarvis aus Amerika hat den Muttertag im Gedenken an ihre verstorbene Mutter als Erste propagiert. Sie hat am 09. Mai 1907 am zweiten Todestag ihrer Mutter fünfhundert anderen Müttern, wohl quasi in Vertretung für ihre eigene verstorbene Mutter, weiße Nelken geschenkt. Ob wohl Ann nach dem Tode der Mutter plötzlich ein schlechtes Gewissen bekommen hat, dieser zu Lebzeiten zu wenig Aufmerksamkeit gewidmet zu haben? Wollte sie mit dieser großen Geste ihr Gewissen beruhigen? Sicher wollte sie nur nachholen, was sie an ihrer Mutter glaubte versäumt zu haben. Auf alle Fälle wurde Anns Verhalten allgemein für eine gute Idee befunden und aufgegriffen. Ab dem Jahre 1914 wird der Muttertag in den USA ein vom Kongress erklärter Feiertag und an jedem zweiten Sonntag im Mai gefeiert. Im Jahr 1922 wurde der Muttertag auch in Deutschland eingeführt. Andere Länder folgten.

Aber heute ist der Muttertag für mich Anlass, neben meiner Hausarbeit den Gedanken freien Lauf zu lassen. Mein Vater ist heute vor schon 24 Jahren gestorben, gerade an meinem Geburts-

Ingrid mit Mutti

tag. Vor vierundzwanzig (!) Jahren. Wo ist die Zeit geblieben? Ich denke, es war gestern, als mich die Todesnachricht erreichte. Und meine Mutter ist ja schon vor fünfunddreißig Jahren von uns gegangen. Sie war bei ihrem Tode noch sechs Jahre jünger als ich heute. Was muss sie damals, wenn ich von mir ausgehe, noch für Pläne und Ideen gehabt haben? Was wollte sie in ihrem Leben noch bewältigen und bewegen? Ich weiß es nicht. Über solche Dinge habe ich nicht als Kind und auch nicht als Heranwachsende mit ihr gesprochen. Bei uns in der Familie wurden keine tiefgründigen Gespräche geführt, zumindest nicht mit dem Kinde. Wurde jedoch über Dinge gesprochen, die das Kind nicht hören sollte, so hieß es »Kachelofen«, frei nach dem Motto: Feind hört mit!

»Mutti« habe ich sie immer genannt. Was erinnert mich an Mutti? Was weiß ich von ihr, von ihren Gedanken, ihrem Innenleben? Lange denke ich über das Verhältnis zu meiner Mutter nach und sie kommt leider ziemlich schlecht dabei weg. Sie tut mir heute irgendwie leid. Wir hatten wohl kein so gutes Mutter-Tochter-Verhältnis. Ich habe nur ganz wenige Erinnerungen an sie. Sie kommt auch bei all meinen Aufzeichnungen zu kurz. Ich weiß nur eines: Mutti war nie da. Sie war, nachdem die Firma Bury & Leonhard nicht mehr existierte und mein Vater selbst einen anderen Weg suchen musste, um das nötige Kleingeld für den Erhalt seiner Familie beizubringen, auch gezwungen, berufstätig zu sein. Sie arbeitete wieder in ihrem alten Beruf als kaufmännische Angestellte. In der Frankfurter Straße in Hanau auf dem Gelände der ehemaligen Firma Bury & Leonhard hatte die Firma Feinmechanik GmbH ihre Werksgebäude errichtet und meine Mutter war dort vorerst als Lohnbuchhalterin untergekommen.

Großgezogen wurde ich also von meiner Omi. Meine Mutter hatte keine Zeit, wenn ich sie einmal gebraucht hätte. Kam sie am Abend nach Hause, so war sie müde und abgespannt und hatte keine Lust mehr, meine kleinen Alltagsprobleme mit mir zu erörtern oder für mich zufriedenstellend abzuarbeiten. Ich kann mich an keine gemeinsamen Gespräche erinnern. Heute denke ich, sie war wohl auch, ohne sich dies jemals einzugestehen, deprimiert und verbittert, dass sie wieder berufstätig sein musste wie viele andere Frauen auch. Sie hatte wohl vor dem Krieg davon geträumt, weiter als Gattin eines Firmeninhabers auftreten zu können, mit diesem auf Geschäftsreise zu gehen, viel draußen rumzukommen und nette Leute kennenzulernen. Aber der Krieg hatte diese Träume alle zunichtegemacht.

Meine Großmutter führte den Haushalt mit allem, was dazugehörte, und meine Mutter ging zur Arbeit. Ihre Entspannung war die Gartenarbeit. Angetan mit einer Kittelschürze oder auch schon mal in Trainingshosen hockte sie immer zwischen den Beeten und Blumenrabatten, um das Unkraut zu beseitigen. Stundenlang konnte sie sich da beschäftigen. Oft diente ihr als Lautuntermalung das kleine Kofferradio, das ständig vor sich hin dudelte. Ich mochte diese Berieselung nicht. Sie ging mir auf die Nerven. Aber ihr machte es Spaß.

Mittagessen kochte meine Großmutter und ich aß mit ihr und Großvater. Meine Mutter und mein Vater nahmen ihr Essen am nächsten Tag im Tender mit, um es im Büro wieder aufzuwärmen.

Es wurde gespart. Abends gab es fast immer nur Brote und Tee. Die Brote wurden zubereitet und gleichmäßig auf Tellern so verteilt, dass niemand der Familie zu kurz kam. Ich gehe heute davon aus, dass die beiden Familien, und zwar Großmutter und Großvater sowie Vater, Mutter und Kind, sich die Unkosten für Essen und Trinken genau aufteilten.

Montagabend war im Radio Hörspielzeit. Als Abendprogramm wurde ein Kriminalstück gesendet. Still, brav und konzentriert saßen wir um den Küchentisch mit unseren Broten und lauschten dem Krimi im Radio. Das Stück »Das Halstuch« von Francis Durbridge war ein richtiger Straßenfeger. Viele verfolgten die Sendung. Oft waren diese Hörspiele so spannend und gruselig, dass ich mich als Kind danach nicht getraute, alleine in den Keller zu gehen, um etwas nach oben zu holen.

Meine Mutter war eine Nachteule. Sie ging immer sehr spät abends und lange Zeit nach meinem Vater zu Bett. Vorher deckte sie für meinen Vater und, als ich schon zur Schule ging, auch für mich den Frühstückstisch. Auf unseren Tassen stand dann immer so ein kleiner vorbereiteter Kaffeefilter aus Blech, gerade ausreichend für eine Tasse. Ich ließ am nächsten Morgen das Wasser im Kessel kochen und brühte meinem Vater den Kaffee. Meine Mutter stand so früh nicht auf. Nur wenn einer von uns beiden Geburtstag hatte, kam sie, nachdem mein Vater den Kohlenherd angefeuert und ich bereits den Kaffee gekocht hatte, ziemlich verschlafen angekrochen, um zu gratulieren. Das sollte für den Betreffenden eine große Auszeichnung sein!

Das wollte ich für meine Familie später besser machen. Wir standen jeden Tag extra früher auf, um gemeinsam Kaffee zu trinken und eventuell anstehende Probleme im großen Familienrat zu diskutieren. Das Frühstück war die einzige gemeinsame Mahlzeit. Mein Mann kam am Abend immer sehr spät nach Hause und oft waren zu dieser Zeit die Mädchen schon in ihren Betten.

Hatte ich an einem Tage einmal keine Schule, klärte ich die Familie darüber vorher nicht auf. Wenn nun am Morgen mein Vater mein Zimmer betrat, um mich zu wecken, dann war es für mich eine unendliche Freude, ihm sagen zu können: »Heute muss ich nicht zur Schule. Wir haben keinen Unterricht.« Und voller

Wohlbehagen streckte ich mich gleich wieder unter der warmen Bettdecke aus.

Aus den zahlreichen Schmalfilmen, die mein Vater gedreht hat, weiß ich, dass meine Mutter sehr bemüht war, meine Kindergeburtstage mit den bescheidenen Mitteln, die ihr während und nach dem Kriege zur Verfügung standen, zu gestalten. Kuchen oder ein einfacher Pudding standen dann auf der Speisekarte und wir spielten Sackhüpfen, Topfschlagen und Blindekuh. War ausnahmsweise einmal mein Vater gerade auf Fronturlaub, so lieh er bei der Stadtbildstelle Hanau, bei Herrn Franz Weber, Kinderfilme wie z. B. »Die Stadt- und die Feldmaus« aus und führte diese der Geburtstagsrasselbande vor, um sie wenigstens für kurze Zeit zu bändigen. Auch bei allen Kindergeburtstagen hatte meine Mutter Hilfestellung. Entweder war Hildchen aus der Nachbarschaft da oder Irmgard, die uns für einige Zeit als Hilfe zugeteilt worden war. Alle jungen Mädchen sollten ein Haushaltsjahr absolvieren und den deutschen Müttern zur Hand gehen. Hilfe irgendwelcher Art hat meine Mutter immer gebraucht. Sie war alleine recht unbeholfen. Meine Großmutter hat ihr da sehr viel abgenommen.

Niemals werde ich die oft bitterkalten Wintertage und Winternächte vergessen. Unsere Heizung war schon recht fortschrittlich. Von Küche und Flur aus wurde je ein Kachelofen mit Kohlen beheizt. Natürlich nur, wenn Heizmaterial wie Koks oder Braunkohle zu ergattern war. Die gewärmte Luft trat in Wohn- und Esszimmer aus und sollte über zwei Luftschächte auch in die oberen Räume des Hauses steigen. Aber da auch die Brennstoffzuteilung im Kriege und danach sehr knapp war, kam oben nur wenig warme Luft an, in der Nacht praktisch keine. Wer zu Bett ging, bekam eine heiße Wärmflasche für die Füße mit. Am Morgen waren die Fensterscheiben mit filigranen Mustern aus Eisblumen überzogen. Wollte ich nachsehen, ob es über Nacht geschneit hatte, musste ich erst ein Guckloch in das Eisblumenmuster hauchen, um ein Fitzelchen der Welt draußen erhaschen zu können.

Und in einem dieser zurückliegenden Kalt-Winter-Jahre wuchs meine liebe Mutter geradezu über sich hinaus. Aus warmer Wolle – wo sie diese herhatte, weiß ich nicht, vielleicht hatte Oma einen alten Pullover aufgeribbelt - strickte sie mir doch wahrhaftig lange

Strümpfe, die ich dann mit den Strapsen an meinem Leibchen festmachen sollte. Aber oh, oh, oh, wie diese ollen Dinger kratzten und juckten. Ich konnte das nicht aushalten und warf das Fleißwerk hinter den Schrank. Das sollte mir schlecht bekommen. Beim Sonntagsfrühstück war Strumpfkontrolle angesagt. Hatte ich diese fürchterlichen Dinger nicht an, so musste ich wieder nach oben in mein Zimmer gehen und sie anziehen. Es gab sonst kein Frühstück für mich. Ja, das waren harte und kalte Zeiten.

Zu Muttis Entschuldigung muss ich heute sagen, dass es sicher sehr schwer war, nach nur fünf Jahren Ehe die nächsten fünf Jahre getrennt von ihrem jungen Ehemann auf der Hohen Tanne zu wohnen. Die Nachbarn kannte sie anfangs kaum, was sich natürlich im Laufe der Zeit änderte. Eigentlich hätten diese Kriegsjahre die schönsten ihrer Ehe werden sollen. Die Verbindung zur Stadt Hanau war umständlich. Der Bus fuhr nur bis zum Beethovenplatz, also musste man laufen oder mit dem Fahrrad fahren. Einkaufen war wahnsinnig schwierig. In dem kleinen Lädchen bei »Kolonialwaren Schreiber« in der Amselstraße bekamen wir längst nicht alles, was wir zum Leben benötigten. Oma oder Mutti mussten also in Hanau, Hochstadt oder Wachenbuchen einkaufen. In dem kalten Winter 1944/45 lag solch eine Unmenge von Schnee, dass sich meine Mutter die Skier unterschnallte und mit diesen zum Einkaufen rutschte. Ein Besuch bei Verwandten oder Freunden in Hanau mit einem Kleinkind wurde zur Strapaze. Einen gebrauchten Volkswagen kauften sich meine Eltern erst viel später, nachdem ich geheiratet hatte. Ihren Führerschein machte meine Mutter im Alter von fünfzig Jahren. Telefon gab es vorerst für uns nicht. Später bekamen wir einen Doppelanschluss, das heißt einen Anschluss mit einer anderen Familie unter einer gemeinsamen Telefonnummer. Die Familien mussten sich untereinander absprechen, wer zu welcher Tageszeit telefonieren durfte.

Kurz vor Kriegsende fand die neun Jahre jüngere Schwester meiner Mutter den Tod bei einem Tieffliegerangriff.

Hinzu kam die stetige Angst, meinem Vater könnte an der Front etwas zustoßen. Bedauernswert, aber es ging unzähligen Frauen so.

Als mein Vater dann endlich aus der Kriegsgefangenschaft entlassen und nach Hause gekommen war, konnte auch dann nicht allzu viel Zweisamkeit aufkommen, da sich mittlerweile Oma und später auch Opa bei uns eingenistet und das Regiment fest in der Hand hatten. Mein Vater hatte in diesem aus der Not entstandenen Verbund nicht mehr allzu viel zu sagen.

»Schade Mutti, dass du für mich so früh gestorben bist. Vielleicht wären wir uns im Alter doch etwas nähergekommen und hätten einmal wie zwei Freundinnen miteinander reden können.«

Begegnung mit dem Tode

Es wird oft so leicht dahergeredet: »Der Tod gehört zum Leben.« Es ist schon so. Sterben müssen wir alle, ob arm oder reich, ob einer unter vielen oder ob sehr bekannt und berühmt. Kommt ein Kind auf die Welt, so ist vom ersten Tag seines Daseins bestimmt, dass das Kind, der Mensch, auch einmal früher oder später sterben wird. Wenn man in die Jahre kommt oder alt ist, wie ich es jetzt bin, dann denkt man schon öfter einmal darüber nach oder spricht über den Tod mit seinem Partner. Bisher war es für mich relativ leicht, darüber zu reden. Aber wenn der Tag immer näher zu kommen scheint, die körperlichen Beschwerden zunehmen und nur noch mit den entsprechenden Therapien und Medikamenten in den Griff zu bekommen sind, dann wird das Unbehagen und auch die Angst größer. Ich habe doch noch so viel vor im Leben. Was könnte ich noch alles bewegen! Wem könnte ich noch helfen oder ihm eine Freude machen. Warum habe ich nicht früher damit angefangen? Meine Enkel möchte ich noch aufwachsen sehen und erleben, was aus ihnen wird. Die Zeit scheint knapp zu werden und es kommt eine gewisse Panik hoch. Schaffe ich noch alles, was ich wollte, was ich mir vorgenommen habe?

Gerade eben habe ich gelesen, dass Goethe zeitlebens immer alles, was mit dem Tode zusammenhing, von sich gewiesen hat. Er ging zu keiner Beerdigung, nicht einmal zu der seiner Mutter. Und wenn ein guter Freund ihn nochmals um einen letzten Besuch bat, sobald er im Sterben lag, so hat er dies oft verweigert oder nur einen Brief geschrieben. Wollte er sich mit diesem »Den-Tod-Verweigern« schützen?

In meinem Elternhaus war der Tod ein Tabuthema. Niemals habe ich mit irgendeinem Familienmitglied darüber sprechen können. Insbesondere im Beisein meiner Mutter durfte dieses Thema niemals angesprochen werden. Ich selbst bin mit dem Tod schon im Alter von knapp fünf Jahren konfrontiert worden. Die näheren Umstände kenne ich jedoch nur vom Erzählen.

Die Schwester meiner Mutter, Elisabeth Frieda Brigitte, geb. am 04. September 1920, dienstverpflichtet im Schwäbischen

Ländle, wohnte bei Stuttgart in der Nähe ihres Verlobten. Es war kurz vor Kriegsende am 30. Januar 1945. Gitti und ihre Arbeitskolleginnen und Freundinnen fuhren mit der Bahn Richtung Herrenberg, als es Alarm gab und eine Staffel Tiefflieger sich dem Zug näherte. Die Anordnung hieß: »Raus aus dem Zug, so schnell als möglich.« Dieser blieb auf freier Strecke stehen und es begann ein wüstes, panisches Gedränge vor den Türen. Gitti drängelte und versuchte ihre Freundinnen zur Eile anzutreiben. Ihr ging das Aussteigen auf der linken Zugseite nicht schnell genug, und so rannte sie in Panik zur rechten Türe, stieg dort aus und ließ sich ins Gras die Böschung hinabfallen. Die Tiefflieger hatten eben den Zug erreicht, überflogen diesen tief und schnell und feuerten dabei gewaltige Salven aus ihren Bordgeschützen. Es traf meine Tante, die geduckt im Graben neben dem Zug lag. Sie war gerade 25 Jahre alt und auf der Stelle tot. Ihre Freundinnen, die auf der anderen Seite ausgestiegen waren, überlebten alle unverletzt. Wie gesagt, weiß ich dies nur aus den Erzählungen meiner Mutter. Erinnern kann ich mich nur vage an die Beerdigung in Wachenbuchen. Die Familie und einige unserer Freunde standen um ein Grab und ich hielt fest die Hand meiner Mutter. Verstört schaute ich in das tiefe dunkle Loch vor mir, in das der Sarg mit meiner Tante hinabgelassen wurde, und verstand überhaupt nicht, um was es ging. Die Endgültigkeit des Todes konnte ich zu dieser Zeit noch nicht ermessen.

Der Verlobte meiner verstorbenen Tante hat mir später immer versichert, ich sei ihr im Temperament und meiner bisweilen fröhlichen Art sehr ähnlich. Er wurde uns allen ein guter Freund und gehörte bis zu seinem viel späteren Tode quasi zur Familie.

Waschtag

Heute kommt es mir nicht auf ein oder zwei schmuddelige Wäschestücke an. Ich packe alles in die Waschmaschine, wenn es sein muss auch in zwei oder drei am Morgen. Auch Bügeln ist für mich eine schöne Beschäftigung. Ich sage immer, beim Bügeln und Putzen brauche ich mein Gehirn nicht. Das sind Arbeiten, bei denen ich meinen Gedanken freien Lauf lassen und über allerlei nachdenken kann.

Aber was waren die Waschtage in meiner Kindheit für eine Großaktion?! Ungefähr alle drei bis vier Wochen hieß es: Morgen ist Waschtag. Gingen wir auch sparsam mit der frischen Wäsche um, so hatte sich bis dahin doch ein ganzer Berg Schmutzwäsche angesammelt, der nun bewältigt werden musste. Unsere Waschküche war im Keller, wie sich das für eine Waschküche seinerzeit gehörte. Ihr Prunkstück war ein großer Waschkessel mit Kupfereinsatz, von unten zu beheizen. Außerdem hatte unser vorausdenkender Architekt ein Auffangbecken für Regenwasser einbauen lassen. Regnete es, so konnte das Dachwasser über die Fallrohre direkt in dieses im Waschkeller gemauerte Becken laufen. Regenwasser enthält keinen Kalk und ist so sanft und weich, als würde es die Wäsche zart streicheln. Dank dieses Architekten hatten auch die Pflanzen und Blumen im Garten ein Glücksgefühl beim Gießen, so, als würden sie nur einen Sherry medium trinken. Am Vorabend des Großwaschtages sortierten meine Mutter und Oma die Schmutzwäsche. Schön nach hell und dunkel getrennt wurde sie auf mehrere Zinkwannen verteilt und in Regenwasser eingeweicht. Am nächsten Morgen standen die beiden dann angetan mit Gummistiefeln und langen Gummischürzen dort unten in der Waschküche und arbeiteten schweißtreibend. Die eingeweichten weißen Baumwoll- und Leinenteile, wie Unterwäsche, Tisch- und Bettwäsche, kamen als Kochwäsche in den Kessel und diesem wurde so lange eingeheizt, bis das Wasser einschließlich der Wäsche richtig kochte. Mit einer großen Holzzange klaubten die Waschfrauen nach gehöriger Zeit Stück für Stück aus der heißen Brühe und packten das dampfende Zeugs wieder in Wannen. Beinahe schon akkordverdächtig schrubbten und rubbelten beide Frauen ein Teil nach dem anderen auf ihren Waschbrettern. Irgendwann stand eine zu damaliger Zeit hochmoderne elektrische Waschmaschine bereit, die Wäsche zu reinigen. Ein runder Holzbottich ähnlich einem Weinfass auf drei Beinen mit einem dreigeteilten Schwungrad in seinem Innern, das sich immer halb in eine Richtung und halb in die andere Richtung drehte, bewegte die Wäscheteile so lange hin und her, bis diese sauber waren. Die Seife wurde dann gesondert wieder in Wannen ausgespült. Danach begann mein Opa in den Arbeitsablauf der Damen einzugreifen. Er durfte per Hand die beiden kleinen Walzen bedienen und an der Kurbel drehen. Diese Walzvorrichtung war am Waschbottichrand montiert. Jedes einzelne Wäschestück wurde per Muskelkraft durch die kleinen Gummiwalzen gedreht. Der größte Teil des Wassers floss bei dieser Aktion aus der Wäsche auf den Fußboden.

Es war ein Gesetz im Hause Bury, dass es an Waschtagen lediglich Milchreis zu essen gab. Für größere Mahlzeiten blieb absolut keine Zeit. Morgens früh wurde die Milch gekocht, der Reis eingestreut und dann kam der große Familientopf warm eingepackt in alte Zeitungen und Decken unter das Federbett. Dort quoll der Reis durch die Wärme ganz von alleine auf. Zur Mittagszeit und Halbzeit des Waschtages war der Reis weich und es konnte gegessen werden. Bestreut mit Zimt und Zucker war es eine köstliche Mahlzeit für mich. Die Großen liebten es, noch zerlassene Butter oder Margarine über das Reisgericht zu geben. Daran habe ich keinen Gefallen gefunden.

Sobald ein Teil der Wäsche fertig war, wurde sie bei schönem Wetter im Garten zum Trocknen aufgehängt. War uns der Wettergott am Waschtag einmal nicht wohlgesonnen, wurde der Trockenvorgang recht mühsam und zog sich über Tage hin. Die Leinen waren in der Waschküche gespannt, aber die Luft dort war feuchtwarm durch die Waschaktionen und es dauerte sehr lange, bis etwas trocken war.

Am Abend des Waschtages waren meine Mutter und meine Großmutter rechtschaffen müde und sozusagen am Ende ihrer Kräfte. Als Belohnung durften sie in einer der Zinkwannen mit der im Kessel noch vorhandenen warmen Waschlauge ein entspannendes Bad nehmen. Selbstverständlich kam auch ich an die Reihe und wurde wie ein Wäschestück zu guter Letzt mit der Wurzelbürste geschrubbt.

Ich erinnere mich gut daran, dass dieser schöne Kupferkessel auch einmal zweckentfremdet eingesetzt wurde. Es war ein riesiger Berg von Zuckerrüben, vor dem Mutter und Oma saßen und diese eckigen und mit Schrunden übersäten Dinger bürsteten und in kleine Schnitzel schnitten. Es sollte Sirup gekocht werden. Stundenlang dauerte diese Aktion, auch über Nacht. Dieser Saft, dieser Extrakt, der erst so rau und kratzig schmeckte, sollte durch Kochen eingedickt zu Sirup werden. Zuckerrübensirup war in diesen Hungerzeiten Manna für unsere Gaumen. Ein braunes, zähes und süßes Etwas, das dickflüssig vom Löffel tropfte – eine Köstlichkeit!

Also einmal nun begab es sich, dass mein Vater die Nachtwache übernehmen sollte. Er wurde zum Rührchef am Kessel ernannt und ihm wurde mehrfach eingeschärft, dass der Sinn des langen Kochens darin liege, dass das überschüssige Wasser verdunsten müsse, um einen wirklich feinen dickflüssigen Sirup zu erhalten. Ich habe in der Nacht seiner Kesselwache fest geschlafen. Am nächsten Morgen gab es mit dem Armen ein fürchterliches Geschimpfe und Gemecker im Haus. Folgendes hatte sich in der Nacht zugetragen: Er rührte und rührte und heizte unter dem Kessel mit dem Zuckerrübensaft mächtig ein. Das konnte er gut. Plötzlich geschah es dann. Die Flüssigkeit stieg hoch und drohte überzukochen. »Ach du meine Güte! Gleich war die ganze Plackerei umsonst, wenn der Kram überläuft.« So dachte sicher mein Vater und schnell drehte er den über dem Kessel befindlichen Wasserhahn auf und ließ eine kräftige Portion frischen kalten Wassers in den Saft laufen. Könnt ihr euch vorstellen, was da los war? Der ganze Sabbel musste nun um Stunden länger kochen, bis alles zugeflossene Wasser wieder verdunstet war. Das war Vaters Meisterleistung.

Die Sauerei

Schon als Kind hatte ich in der Eichhornstraße tagsüber eine Zweitwohnung. Kaum war ich als Säugling in unser neues Haus Nr. 49 eingezogen, bemerkte ich auf der gegenüberliegenden Straßenseite ein sehr großes Haus. Kein Fertighaus, sondern ein fix und fertiges Haus. Ein bereits verputztes, stattliches, kastenförmiges Haus mit Walmdach. Es musste wohl schon länger da gestanden haben, wo es stand. Rechts neben dem Gartentor aus weißen Holzlatten wuchs ein großer weit ausladender Kirschbaum. Gleich bei meiner Ankunft war er mir durch seinen prächtig leuchtenden weißen Blütenflor aufgefallen. Leider dauerte es etliche Jahre, bis ich dieses Prachtstück auch erobern konnte. Noch verschlief ich einen Großteil des Tages. Auch konnte ich noch nicht so genau registrieren, was eigentlich um mich herum vorging. Es dauerte allerdings nur kurze Zeit, bis mir beinahe täglich ein Gesicht von den vielen, die immerzu über mir schwebten, bekannt und vertraut erschien. Es gehörte zu einem zehnjährigen Mädel aus der Nachbarschaft, eben aus diesem Haus. Ein Gesicht voll mit lustigen Sommersprossen. Seitlich an diesem Kindergesicht hingen zwei dicke rotblonde Zöpfe. Das Gesicht mit den Zöpfen und alles,

Hilde fährt Ingrid und Christaluise

was unten noch dran war, gehörte zu Hilde Sauer von gegenüber. Mit der Zeit und den Jahren lernten wir uns immer besser kennen. Ich wuchs aus den Windeln und sie wuchs ohne Windeln. Der Altersunterschied betrug genau zehn Jahre. Wir wurden Freundinnen. Hilde ging bei uns ein und aus. Sie fuhr meinen Kinderwagen durch die Straßen der Hohen Tanne. Sie spielte mit mir. Ein Kindergeburtstag ohne Hilde war unmöglich. Meine Mutter hatte große Unterstützung durch sie. Und ich besuchte täglich das Nachbarhaus. Dort wohnten noch mehr von den Sauers – sozusagen eine ganze große »Sauerei«.

Eine stattliche Else Sauer war Hildes Mutter. Zeitlebens war sie für mich »Tante Sauer«, ein total mütterlicher Typ. Oft kam es vor, dass ich mich bei ihr zum Mittagessen einlud, insbesondere dann, wenn bei ihr Klöße mit Sauerbraten auf dem Speiseplan standen. Das war eine meiner Lieblingsspeisen und bei ihr schmeckte es auf alle Fälle wesentlich besser als bei uns zu Hause. Nach solch einer Völlerei hätte ich im Alter von acht Jahren einmal beinahe das Zeitliche gesegnet. Acht dicke Klöße aus rohen Kartoffeln mit Sauerbraten und einer Soße, die die Zunge geradezu streichelte, habe ich verspeist. Danach war ich dem Ende nahe und musste längere Zeit auf

Tante Sauer bei der Arbeit

dem Sofa ruhen. Ich denke, diese Nachbarschaft hat mitgeholfen, dass ich groß und stark geworden bin. Und erst Tante Sauers Kartoffelsalat – wahrlich ein Gedicht. Kleine, nicht zu lange gekochte Kartöffelchen in hauchdünne Scheiben geschnitten und mit einer dezenten Soße angerichtet. Ach was hat mir das geschmeckt!

Tante Sauer war eine Koryphäe im Lösen von Kreuzworträtseln. Oft habe ich bei ihr in der Küche gesessen und ihr zugeschaut. Helfen konnte ich nur geringfügig als Kind. Oder wir spielten das schlaue Zahlenspiel, mit dem das Einmaleins erlernbar war. Es wurde gewürfelt und bei einer bestimmten Zahl, ich denke bei der Sechs, durfte eines der sechseckigen Kärtchen auf dem Spielfeld hochgehoben werden. Haben wir gewusst, dass 5 x 4 = 20 ist, so durften wir das entsprechende sechseckige Kärtchen hochheben und darunter stand: »Fünfmal vier ist zwanzig, im Keller wird die Butter ranzig« oder »Zweimal vier ist acht, die Mutter hält die Wacht.« Wenn ich heute ab und zu einmal mit meinem Mann würfele, gebrauche ich oft diese Aussprüche.

In der Vorweihnachtszeit half ich Tante Sauer beim Plätzchenbacken. Ihr Buttergebäck oder ihre Sandplätzchen waren ein Traum. Auch ein Zahnloser hätte diese Dinger genießen können. Sie waren so weich und zart, dass sie auf der Zunge förmlich dahinschmolzen. Ich muss gestehen, dass ich einmal beim Backen aus Unachtsamkeit ihre große irdene und recht wertvolle Rührschüssel auf den Küchenfußboden fallen ließ und diese dort in viele Mosaikteile zerbrach. Geschimpft hat niemand mit mir.

Wie ein Märchen aus alter Zeit habe ich auch einen Tag im Herbst in Erinnerung, an dem Tante Sauer mit Reinhold und mir in den Taunus auf den Großen Feldberg gefahren ist. Dieses Unternehmen war wohl zu damaliger Zeit nicht ganz so einfach, wie das heutzutage ist. Ich gehe davon aus, dass wir mit dem Zug und anschließend mit der Straßenbahn gefahren sind. Ein Picknick auf dem »Brunhildisfelsen« hat uns Kindern viel Freude bereitet. Wir durften ordentlich klettern. Während wir spielten, hat Tante Sauer fleißig eine große Menge Hagebutten gesammelt. Zu Hause hat sie die kleinen roten und orangefarbenen Dinger aufgeschnitten, die Kerne herausgeschabt und aus den Früchten eine feine Marmelade gekocht. Sie war berühmt für diese Marmelade.

Im Herbst war es auch, dass wir gemeinsam darangingen, Weihnachtsgeschenke für unsere Lieben zu basteln. Immer wieder überraschte mich Tante Sauer mit neuen Ideen. Die Blätter des Forsythienstrauches im Garten hatten sich herbstlich eingefärbt. Sie erstrahlten in den Farben grün, gelb, rostrot und braun. Fielen die letzten Sonnenstrahlen auf diese bunte Palette, so wurde einem warm ums Herz und insgeheim dankte man dem Schöpfer, der so etwas Schönes gezaubert hatte.

Der Herbst ist noch immer meine liebste Jahreszeit. Die Natur bietet sich in einem gewaltigen Kraftakt vor der Winterruhe nochmals dem Beschauer dar. Sei es nun mit einer Vielfalt farbenprächtiger Einfärbungen oder auch schon mal mit herbstlichen Stürmen, die die bunt gefärbten Blätter fröhlich aufwirbeln lassen.

Einige dieser leuchtenden Forsythienblätter pflückten wir ab und Tante Sauer legte sie auf Löschpapier und in dicke Wälzer, um sie dort zu trocknen und zu pressen. War dieser Vorgang nach einigen Tagen beendet, legten wir die trockenen Blätter strahlenförmig und sehr vorsichtig auf runde blaue Pappscheiben. Genau in der Größe dieser Scheiben hatte sie Glas zuschneiden lassen. Mit diesem deckten wir nun den Blätterring zu, ganz sacht, damit keines der Blätter verrutschen konnte. Mit farbigem Klebeband fassten wir dann die Pappe mit den Blättern und die deckende Glasscheibe zusammen, sodass wunderschöne und praktische Untersetzer entstanden. Nur etwas ganz Heißes durfte darauf nicht abgestellt werden. Das Glas wäre zersprungen.

»Tante Sauer« ist für mich ein Begriff geworden, dessen Nennung unzählige schöne Erinnerungen ins Gedächtnis ruft. Einen »Onkel Sauer« habe ich nie kennengelernt. Er war bereits im Jahre 1937, also schon vor meiner Geburt, im Alter von zweiundvierzig Jahren verstorben.

Bereits im Jahre 1907 hatte die Gemeinde Wachenbuchen zwischen Hochstadt, Wachenbuchen, Wilhelmsbad und Hanau ein neues Baugebiet ausgewiesen und mit den erforderlichen Vorarbeiten begonnen. Das erste Haus wurde dann im Jahr 1909 in der Hochstädter Landstraße errichtet. Das Haus Sauer stand im Jahre 1925 als erstes und einziges Haus in der späteren Eichhornstraße. Die Straßennamen wurden erst Jahre später vergeben. Lange hatte

Herr Sauer sein neues Heim nicht genießen können. Er ließ nach seinem doch sehr frühen Tode seine Frau mit drei kleinen Kindern zurück. Das war ein schweres Los.

Die »Sauerei« war aber noch viel größer. Außer einer liebenswerten Mutter hatte Hildchen noch eine ältere Schwester, die Elisabeth, und einen jüngeren Bruder, den Herbert. Im Erdgeschoss des Hauses Sauer wurde ich mit meinen Lieblingsspeisen, mit Wissen und Unterhaltung angefüttert. Hilde hat mir das Stricken größerer Modelle beigebracht. Eine Strickjacke aus dicker hellbrauner Wolle war mein erster größerer Versuch. Kleine Geschenke wie Topf- oder Waschlappen hatte ich zusammen mit Oma schon früher hergestellt.

Auch die Religion kam niemals zu kurz. Tante Sauer war eine gläubige Frau. Sehr oft, beinahe regelmäßig fanden in ihrem Hause die Bibelstunden mit dem für uns zuständigen Pfarrer aus Wachenbuchen statt. Als ich etwas älter war, trug ich für sie und die Kirche auf der Hohen Tanne das Kirchenblatt aus.

In der ersten Etage wohnte Elisabeth mit Mann und Sohn. Sie hatte am 21. Juni des Jahres 1947 beide, also Vater und Sohn, unter meiner Oberaufsicht geheiratet. Der Sohn Reinhold war bei der Hochzeit seiner Eltern gerade fünf und ich sieben Jahre alt. Wir kannten uns noch nicht, haben aber seinen Eltern gemeinsam über die Schwelle der Friedenskirche in Kesselstadt geholfen. Auf den von uns gestreuten Blütenblättern sind sie glücklich in die Ehe geschritten. Für solche glücklichen Momente wurde ich von meiner Mutter abgerichtet, in Verkleidung eines der seinerzeit üblichen Glückwunschgedichte, z. B. zu einer Hochzeit, aufzusagen. Habe ich das auch bei diesen beiden getan? Ich bin mir nicht mehr sicher. Ganz genau weiß ich jedoch noch, dass ich bei der Hochzeit von Annemarie und Helmut Hörner, sie wohnten auch in der Eichhornstraße, den »Berliner Bäckerjungen« vorgetragen habe.

Mit Reinhold konnte ich herrlich spielen und wir verbrachten sehr viel Zeit miteinander. Reinhold war der männliche Hauptdarsteller bei unseren gemeinsamen Theateraufführungen.

Eine dieser Aufführungen fand auch in der Wohnung seiner Eltern anlässlich des Geburtstages seines Vaters statt. Noch heute,

Hochzeit Elisabeth 1947

wenn wir uns treffen oder er an meinem Geburtstag einmal anruft, sage ich: »Ach der Ala denkt wieder mal an mich« oder »Hallo, wie geht es dir, Ala?« Dieser Name ist ein Relikt seiner Karriere als Schauspieler und hier insbesondere der Rolle des Sultans Aladin. Er ist und bleibt für mich ein Leben lang der Sultan »Ala«. Stundenlang lagen wir gemeinsam auf dem Fußboden in seinem Zimmer und bauten mit bunten Holzklötzen und kleinen Häuschen aus Holz oder Pappmaschee ganze Straßenzüge auf, in denen die kleinen Spielzeugautos hin und her flitzten. Dabei waren Unfälle oder Hauseinstürze an der Tagesordnung. Seine Mutter Elisabeth war sehr geduldig und wir durften den ganzen aufgebauten Kram auch schon mal einige Tage so stehen lassen.

Reinhold war zwei Jahre jünger als ich und machte allen Blödsinn mit, den ich veranlasste. Und was hatte ich oft für Einfälle! Bei uns im Garten spielten wir im Sandkasten. Die leckersten

Sandkuchen kamen aus unserer Herstellung. Niemals vergesse ich, wie Anneliese einen Kuchen mit Fleischanteil gebacken hatte und anfing, diesen zusammen mit einem in ihren Augen leckeren Regenwurm zu verspeisen. Oder wir legten ein langes Wäscheseil meiner Mutter quer über die Rasenfläche. Der Zirkus gastierte in der Eichhornstraße. Von meiner Oma hatten wir ein kleines, ausgemustertes, weißes Sonnenschirmchen. Es war mit Sicherheit ein Schmuckstück gewesen mit seinem feinen Lochmuster. Nun war es aber in die Jahre gekommen und wir durften mit ihm spielen. Mit diesem edlen Schirm in der rechten Hand balancierten wir langsam über das im Gras liegende Seil. Behutsam setzten wir einen Fuß vor den anderen. Es hatte niemand Angst um uns. Wir konnten ja nicht tief fallen. Radschlagen, Purzelbäume und Bockspringen gehörten zum akrobatischen Programm der Vorstellung. Die Einnahmen für diese Vorstellungen blieben jedoch hinter unseren Erwartungen zurück. Da hatten wir einen tollen Einfall. Auf irgendeine Weise mussten wir zu Geld kommen. Gehörig sauer war meine Mutter, als ich ihre saueren Rhabarberpflanzen köpfte. Die großen Blätter konnte sowieso niemand essen. Sie waren nicht zu verwerten. Also schnitt ich diese fein säuberlich mit einem kleinen Küchenmesser ab. Die Stängel ließ ich stehen. Davon konnte Oma ja noch Kompott kochen. In jedes dieser herrlich großen Blätter wurde quer ein Schlitz von ca. drei Zentimetern geschnitten. Und dann kam das Tollste. In Muttis Garten blühten sehr viele schöne bunte Blumen. So viele brauchte sie sicher nicht. Da konnten wir einige abschneiden und dekorativ durch diese kleinen Schlitze schieben. Farbenfrohe Gestecke haben wir angefertigt und uns damit vor das Gartentor auf die Straße gesetzt. Diese künstlerisch wertvollen Blumengestecke mussten an den Mann gebracht werden, damit endlich Geld in unsere Spardosen kam. Ein Reinfall auf der ganzen Linie. Die Blumen waren nach kurzer Zeit welk. Folglich nahmen wir kein Geld ein und Muttern schäumte vor Wut und war gar nicht gut drauf. Noch heute frage ich mich, warum keiner der Nachbarn bei diesem Sonderangebot zugegriffen hat.

Herbert, der Jüngste aus dem Hause Sauer, hat mir einen bunten Drachen gebaut, der auch prima fliegen konnte.

Als ich vier Jahre alt war, bekam ich von meinen Eltern ein

Paar Rutscher (Kleinkinderski) geschenkt. Herbert war es, der mir auf dem langen Weg rechts neben dem Karussell in Wilhelmsbad, auf dem Weg, der unten über eine kleine Holzbrücke hinunter zur Märchenwiese führt, Grundkenntnisse im Skifahren beigebracht hat. Den Namen Märchenwiese hatte ich dieser kleinen Lichtung zwischen alten, hohen Bäumen selbst gegeben. Ein kleines Stückchen Wiese geeignet zum Träumen. Legte ich mich auf das Gras mit dem Blick nach oben, nach dort, wo der Himmel blau und klar war oder wo kleine weiße Wölkchen wie weiße Farbtupfer in der Sonne schwebten, so konnte ich von Engeln, Elfen und Trollen träumen und von einem Prinzen, der gleich durch die hohen Bäume geritten kommen würde.

Auf diese spärlichen ersten Erfahrungen im Skifahren konnte ich in späteren Jahren noch zurückgreifen. Herbert war für ein kleines Mädchen ein interessanter Mensch. Hatte er doch eine elektrische Eisenbahn und einen richtigen Bahnhof dazu. Dies war ein originalgetreues Modell des Bahnhofes Wilhelmsbad. Ich weiß, dass dieses Modell noch heute in Familienbesitz ist. Da Herbert auch recht gut Klavier spielen konnte, habe ich ihn oft und gerne besucht. Leider hat er sich irgendwann einen sehr gefräßigen Schäferhund namens »Hasso« angeschafft. Vor diesem Untier fürchtete ich mich sehr. Sein Auslauf war im hinteren Teil des großen Gartens separat durch einen kleinen niedrigen Zaun abgeteilt. Manches Mal stand aber die kleine Tür offen. Sobald dann jemand den vorderen Garten betrat, stürzte der wütend bellende Kerl auf einen zu mit seinem weit aufgerissenen Maul. Seit dieses Vieh da war, nahmen meine Besuche ab.

Mit Hilde verstand ich mich nach wie vor gut. Zwischen uns wuchs eine ungewöhnliche Freundschaft bei einem Altersunterschied von zehn Jahren. Alle Mädchen hatten damals, als ich Kind war, ein Poesiealbum. Freundschaftsbuch nennt man es wohl heute. Ein kleines Buch mit leeren Seiten. Diese füllten die Familienangehörigen und die Freunde und Freundinnen mit ernsten, lustigen oder sinnigen Sprüchen und klebten zusätzlich zur Ausschmückung noch kleine bunte Matrizen ein. In mein Poesiealbum schrieb mir Hilde am 04. März 1950 einen Spruch, den ich mein ganzes Leben bis heute beherzigt habe:

»Mach' andern Freude,
Du wirst erfahren,
dass Freude freut.«

Dir, liebe Ingrid, zur steten Erinnerung an Deine große Freundin Hilde

Als sie und ihr Bruder im Jahr 1950 am gleichen Tage, aber in verschiedenen Kirchen, geheiratet haben, war es selbstverständlich, dass ich auch in beiden Kirchen für beide Paare die Blumen gestreut habe. Ein zehnjähriges Mädchen mit Henkelkörbchen streute ihrer großen Freundin und deren Bruder bunte Blütenblätter auf den Weg ins Glück. Im Nachhinein kann ich mich rühmen, alle drei Sauers sozusagen unter die Haube gebracht zu haben.

Hilde erlernte sehr jung im Atelier Deis in der Hochstädter Landstraße den Beruf der Schneiderin.

Mit vierzehn Jahren wurde ich in der Friedenskirche in Kesselstadt konfirmiert. Als Geschenk zu diesem Anlass schneiderte sie mir mein Konfirmationskleid. Es war praktisch gedacht, ein schwarzer Taftrock mit passendem Jäckchen. Ich konnte die beiden Teile noch oft zu festlichen Anlässen tragen. Immer ein wenig durch farbliche Variationen neu arrangiert und verändert.

1961 zu meiner Hochzeit nähte Hilde mir in alter Verbundenheit auch mein Hochzeitskleid.

Wenn ich heute zurückdenke, bin ich der ganzen »Sauerei« sehr dankbar für viele glückliche Stunden, die ich im Hause Eichhornstraße 9 verleben durfte.

Hanau brennt

Fliegeralarm, Alarm – ab in den Keller. Ich war ein Kriegskind und zugleich eine Kellerassel. Da zu befürchten war, dass durch das viele nächtliche Rausreißen aus dem Schlaf - immer wenn Fliegeralarm war, mussten wir in den Keller – meine Gesundheit und meine kindliche Seele Schaden nehmen könnten, hatte meine Mutter im Vorratskeller ein Matratzenlager eingerichtet und ich blieb fast immer unten.

Wir waren ein Dreimädelhaus, meine Großmutter, meine Mutter und ich. Es kam vor, dass bei Mutti und Oma schon etwas Furcht hochkam. Sie ließen mich dies aber niemals merken.

Wann genau es war, weiß ich nicht mehr. Es muss gegen Ende des Krieges gewesen sein. Auf alle Fälle fielen wir drei Angsthasen eines Nachts vor lauter Krach und Radau beinahe von unserem Lager. Das ganze Haus wackelte. Dann war Totenstille. Was war geschehen? Wir hatten Angst, das Haus über uns würde zusammenfallen.

In unserem Keller war eine Luftschutztür eingebaut für den Notfall. Die führte in die Waschküche. Von dort konnten wir gleich ins Freie gelangen. Eine der Frauen öffnete ganz vorsichtig diese Türe, um sie sofort wieder zuzuschlagen. Es sah aus, als würde es im Haus bis zum Keller hinunter brennen. Dicker weißer Dunst war zu sehen, sonst nichts. Meine Mutter und meine Großmutter befeuchteten Tücher, banden sich diese vor das Gesicht und stiegen durch diese Tür, die in halber Höhe angebracht war. Ich musste natürlich im Keller bleiben. Nach einiger Zeit kamen sie zurück und hatten festgestellt, dass unser Haus vorne einen Geschosstreffer erhalten hatte. Im Wohnzimmer war die ganze vordere Erkerfront verschwunden und wir konnten von dort aus direkt auf die Straße bzw. in den Vorgarten gehen. Das Haus war dicht mit Staubwolken gefüllt. Es hatte den Anschein, als würde das ganze Haus brennen. Viel später hat sich dann herausgestellt, dass nicht der Feind unser Haus stark beschädigt hatte, sondern die eigene Flakabwehr, die im Steinbruch in Wilhelmsbad stationiert war. Die jungen deutschen Flakhelfer hatten in der Aufregung eines Angriffes die Sache wohl falsch berechnet und zu kurz geschossen. Aber die Folge dieser Aktion war, dass wir jetzt noch mehr Angst hatten. So konnte jederzeit ein ungebetener Gast, der dort nicht hingehörte, durch die Vorderfront direkt in unser Wohnzimmer steigen. Zu steigen brauchte er noch nicht einmal. Er musste lediglich seine Füße heben und durch die offene Wand in unser Wohnzimmer treten. In der Amselstraße war noch ein weiteres Haus getroffen worden. Wir waren nicht die einzigen Leidtragenden. Unser Luftschutzwart, Herr Carl-Pière Hörner, für alle jedoch nur Peter Hörner, wurde mit der Aufgabe betraut, bei seinen nächtlichen Rundgängen das Haus mehrfach und aufmerksam zu beobachten.

Die zahlreichen Fliegeralarme wurden zur Gewohnheit. Meistens erfolgten die Angriffe in der Deckung der dunklen Nacht. Wir kannten das Geräusch, wenn die Flugzeugstaffeln langsam dröhnend und brummend näher kamen und der Lärm ihrer Motoren immer lauter und eindringlicher wurde. Furchterregend schwoll er an, um sich so, wie er gekommen war, wieder zu entfernen. Flogen die Bomber ein Ziel an, das nicht in unmittelbarer Nähe lag, überflogen sie uns in höheren Regionen und die Fluggeräusche waren leiser und entfernter. Bewegte sich die Staffel weiter, ebbte auch das unheimlich summende und dröhnende Brummen wieder langsam ab. Manche Nacht fluteten sie in Wellen in immer wiederkehrenden Crescendi und Decrescendi über uns hinweg.

Aber an dem frühen Morgen des 19. März 1945 war an Schlafen nicht zu denken. Über uns war ein Höllenspektakel. Das ganze Haus erschütterte und vibrierte in seinen Mauern. Das leiser werdende Geräusch des Überfluges ging unter in einem Getöse und Zischen. Schlag auf Schlag, Einschlag auf Einschlag war zu hören. Das musste ganz in unserer Nähe sein. Ich durfte mit meiner Mutter und meiner Großmutter nach oben in den Garten gehen. Im Keller hätte ich mich wohl zu sehr gefürchtet. Was wir gemeinsam mit unseren Nachbarn am Himmel sahen, war nicht die aufsteigende Morgenröte. Nein – Hanau stand in Flammen. Weithin loderte der Himmel, hell erleuchtet wie bei einem gigantischen Feuerwerk. Die Erwachsenen standen fassungslos vor diesem Inferno, dessen Ausmaß nur erahnt werden konnte. Die Siedlung

Hohe Tanne liegt ca. vier Kilometer vor Hanau. An Hilfe von dort aus war nicht zu denken.

Es dauerte eine knappe Stunde, bis die ersten Flüchtlinge, die sich aus Hanau retten konnten, unter anderem auch auf der Hohen Tanne ankamen. Völlig aufgelöst, notdürftig gekleidet, teils noch in den Schlafanzügen, schmutzig, verrußt, mit nichts außer dem Entsetzen in den Gesichtern, kamen sie. Auch Fritz, der Vetter meines Vaters, und seine Frau Gerda standen plötzlich vor unserem Gartentor. Sie zogen einen Leiterwagen. In diesen hatten sie Oma Hayer gepackt. Mitte März waren die Nächte noch sehr kalt und sie hatte nur ihr Nachthemd an. Bei der panischen Flucht hatten sie völlig vergessen, ihr eine Decke oder Jacke umzulegen. Sie fror erbärmlich. Onkel Fritz und Tante Gerda berichteten, dass durch die vielen Brandbomben ganz Hanau ein Flammenmeer war. Ihr Haus, das Elternhaus meines Vaters in der Engelhardstraße, hatte bei dem Angriff im Januar seinen ersten Bombentreffer abbekommen. Jetzt war es völlig zerstört. Die Familie hatte alles, aber auch alles verloren. Auf welchen Wegen sie überhaupt aus Hanau rausgekommen waren, wussten sie nicht mehr. Vorerst nahmen wir sie auf. Sie blieben nur für kurze Zeit. Danach kamen sie in Wachenbuchen im Hause von Dr. Curtze unter. Auf Umwegen landeten sie nach einiger Zeit in Meerholz. Das Schießhaus wurde ihre vorläufige Bleibe für lange Zeit.

Mit knapp fünf Jahren war ich zu jung. Das brennende Hanau habe ich niemals gesehen. Die Feuer sollen noch viele Tage gebrannt und die Trümmer geschwelt haben. Meine Großeltern hatten, bevor sie zu uns auf die Hohe Tanne zogen, einen Teil ihrer Möbel in Hanau in einem Lagerraum des Spielwarengeschäftes Brachmann untergestellt. Einige Tage nach diesem Angriff wollte meine Großmutter nun nachsehen, was aus ihrem Mobiliar geworden war. Völlig entsetzt kam sie von diesem Fußmarsch zurück. Sie hatte in der Innenstadt auf den rauchenden Trümmern gestanden und nicht mehr gewusst, wo sie sich befand. Alles nur Trümmer – es standen nur noch Ruinen. Ihre Möbel waren natürlich auch verbrannt. Die Schmuckwarenfirma, die Existenz der Vettern Fritz und Rudolf, in der Frankfurter Straße war vernichtet. Und wie sollte es nun weitergehen??

Kriegsende und Einquartierung

Die Großen sagten: »Jetzt ist der Krieg zu Ende. Bald wird alles besser werden.« Am 08. Mai 1945 wenige Tage vor meinem fünften Geburtstag war es so weit. Deutschland kapitulierte und gab auf.

Frieden war für mich der Inbegriff von Wohlstand und genug zu essen. Während der Kriegsjahre hatten wir oft Hunger gelitten. Dass es danach noch schlimmer kommen sollte, wussten wir zu dieser Zeit noch nicht. Ich träumte den Kindertraum von einer großen langen Salami, die ich nach Kriegsende kaufen wollte. Und nun war es endlich so weit. Schnell lief ich zu »Schreibers«. Aber was war da schiefgelaufen? Es gab keine Salami. Es war einfach keine da. Enttäuscht trottete ich nach Hause und begriff wohl zum ersten Mal in meinem erst kurzen Leben, dass nicht alle Wunschträume erfüllt werden.

War die Freude über das Ende des Krieges groß gewesen und hatten alle unsere Nachbarn sich auf der Straße in den Armen gelegen, so wurde dieser Jubel jäh gedämpft. Es dauerte nicht lange und die ersten amerikanischen Militärfahrzeuge tuckerten durch unsere Straßen. Die Soldaten, die meisten dieser ersten Truppen waren Schwarze, gingen in voller Ausrüstung neben ihren Fahrzeugen her und durchsuchten alle Häuser auf der Hohen Tanne. Sie suchten nach versteckten Soldaten, Waffen, Radios und nationalsozialistischen Erinnerungsstücken wie Orden, Urkunden, Büchern (Mein Kampf), Fahnen usw.

Verängstigt und neugierig ging Klein-Ingrid auf die Straße. Nicht schlecht staunte ich, als mir plötzlich ein großer, kräftiger, schwarzer Soldat gegenüberstand. So jemanden hatte ich noch nie gesehen. Er beugte sich sehr freundlich zu mir herunter und gab mir eine Banane und ein Päckchen Kaugummi. Mit fünf Jahren hielt ich die erste Banane meines Lebens in Händen. Für mich ein fremdes Ding, dem ich aber sehr schnell auf den Geschmack kam. Heute können sich das wahrscheinlich weder meine Töchter, geschweige denn meine Enkel vorstellen. Wie konnte ein Menschlein fünf Jahre alt werden, ohne eine Banane zu kennen? Wie die dünnen harten Plättchen, der Kaugummi, schmeckten und zu was diese zu gebrauchen waren, lernten wir Kinder sehr schnell.

Den ersten Truppen folgten leider bald die Sonderkommandos, die für die Obrigkeit der amerikanischen Besatzungsarmee private Häuser von deutschen Familien auf der Hohen Tanne beschlagnahmten. Es war unglaublich. Die beschlagnahmten Häuser mussten binnen weniger Stunden geräumt werden. Dann zogen die Offiziere mit ihren Familien dort ein. Bei unseren Nachbarn zur Linken zog eine tiefschwarze Familie mit Kleinkind und Boxerhündin ein. Bei unseren Nachbarn zur Rechten ein Oberst mit seiner hochschwangeren Frau. Gegenüber musste die gesamte »Sauerei« in den eigenen Keller umziehen. Dies war schon ein großes Zugeständnis, dass sie im eigenen Keller bleiben durften. So von der ganz feinen Art waren diese ersten in Deutschland angekommenen amerikanischen Besatzungssoldaten und ihre Familien nicht. Aber wir hatten ja den Krieg verloren und mussten kuschen.

Unsere Nachbarn zur Rechten zogen mit Sack und Pack und drei Familienmitgliedern bei uns ein. Ich musste mein Kinderzimmer räumen und schlief fortan mit meinem Bett im Badezimmer. Damals schlief ich noch im Gitterbett. Und dieses wurde am frühen Morgen dann mit einem Laken zugehängt. Das Licht, das für andere im Bad benötigt wurde, sollte mich nicht wecken. Die schwangere Amerikanerin, die mit in das Haus neben uns eingezogen war, riss zuerst einmal die schönen Vorhänge dort ab und ließ sich aus ihnen Umstandskleidung schneidern.

Speziell war der Fall der Familie Schmitz-Schlagloth. Auch das Haus dieser Familie in der Hochstädter Landstraße wurde beschlagnahmt. Mutter Schmitz-Schlagloth zog mit ihren beiden Töchtern in zwei Zimmer ein, die einer anderen Familie weggenommen wurden. Und das für lange Zeit. Im Jahre 1956, nach Ablauf von zehn Jahren, gaben die amerikanischen Militärbehörden ihr Okay und die seinerzeit beschlagnahmten Häuser wurden peu à peu den deutschen Eigentümern wieder freigegeben. Auch das Haus der Familie Schmitz-Schlagloth stand 1956 bereits leer. Die Familie sollte aber noch nicht dort einziehen. Die Militärs hatten rein vorsorglich alle Schlösser im Hause austauschen lassen. Eines, und zwar das für das Souterrain, war vergessen worden. Als Ursula Schmitz-Schlagloth, meine Sportlehrerin am Gymnasium, dies bemerkte, schlupfte sie schnell hinein in die Kellerräume und verbarrikadierte sich dort. Das war neu. Auflehnung gegen die Siegermacht. Aber bei einer Beschlagnahme von zehn langen Jahren musste man schon sehr viel Geduld haben, um das zu ertragen. Am Zaun hing ein Schild: »My home is my castle«, und meine Lehrerin saß vergnügt im Keller und wollte diesen partout nicht verlassen, bevor sie die Zusicherung des US-Hauptquartiers in Heidelberg hatte, dass das Haus über ihr nun endlich nach so langer Zeit freigegeben werden würde. Eine richtige Attraktion und von allen Anwohnern der Hohen Tanne bestaunt. Aber es wurde nicht nur gestaunt. Nein, die Nachbarn erklärten sich solidarisch und versorgten die Besetzerin im Keller mit allem, was diese benötigte. Über eine »Luftbrücke«, eine über den Vorgarten hinweg gespannte Leine, ließen sie Frau Schmitz-Schlagloth eine Luftmatratze, Nahrung und Getränke zukommen. Da zwischenzeitlich vor dem Kellerfenster zwei Wachtposten Stellung bezogen hatten, schoben die Nachbarn nachts Wache, damit der Frau im Kellerasyl kein Leid geschehen konnte. In zahlreichen Zeitungen wurde zu dem Fall Stellung genommen. Selbst die »Welt« berichtete am 2. Juni 1956 über den »Kalten Krieg« auf der Hohen Tanne.

MP-Bewachung

Erst nach Einschaltung unseres damaligen Landrates Voller und des hessischen Innenministeriums entspannte sich nach vier Wochen die Lage. Eine baldige Freigabe des beschlagnahmten Hauses wurde zugesichert. Frau Ursula Schmitz-Schlagloth lebt in meinen Erinnerungen als unerschrockene und mutige Frau.

Aber mit dieser Aktion zehn Jahre später habe ich zeitlich vorweggegriffen. Kehren wir zurück in die Zeit kurz nach der Beschlagnahmung. Der erste Schock war bald überwunden und man freundete sich allmählich mit der ungewohnten Situation und auch mit den Amerikanern an.

Ab und zu besuchte ich meine »Sauerei« auch in ihrem Keller. Da wäre eine schöne Episode zu berichten. Als ich wieder einmal meine Aufwartung in deren Keller machte, war dort auch ein Soldat von oben aus der Wohnung und alle unterhielten sich recht und schlecht, soweit das sprachlich ging. Ich hatte so ein Gerät, mit dem konnte ich einen kleinen Plastikreif weit wegfliegen lassen, wenn ich das Gerät aufzog und spannte. Mein Reif schnurrte im ganzen Keller umher, ehe er hinter dem dort befindlichen Sofa landete. Soviel ich mich auch bemühte, ich konnte ihn nicht mehr erreichen. Der Amerikaner hatte Mitleid mit mir und versuchte nun seinerseits, den Reifen unter dem Sofa zu erlangen. Dazu legte er sich sogar auf den Boden. Aber sein Arm war zu kurz. Ich hatte eine tolle Idee und sagte zu ihm: »Versuch es doch mal mit dem anderen. Vielleicht ist der länger.« Wie wir ihm diesen Satz verständlich gemacht haben, weiß ich nicht mehr. Aber ich weiß noch, dass er auf einmal herzlich lachte und sagte: »May be«, was so viel heißt wie »mag sein, vielleicht«. Von da an hieß dieser Soldat für mich nur noch »Mister Maybe« und wir haben viel gelacht.

Bei der ganzen Einquartierungsgeschichte hatte meine Familie unsagbares Glück gehabt. In unser Haus wollte niemand einziehen. Es war noch unverputzt und gefiel den Besatzern nicht. Der Krieg und der Geldmangel hatten doch auch ihr Gutes gehabt, zumindest in Hinsicht auf die ausgebliebene Einquartierung in unserem Haus.

Die amerikanischen Familien, die rings um uns wohnten, blieben nie allzu lange in den besetzten Häusern. Von Zeit zu Zeit wurden sie gegen neue Familien ausgewechselt. Ich gehe davon aus, dass die Offiziere zu anderen Einsatzorten versetzt wurden. Eines Tages zog auf alle Fälle in unser Nachbarhaus zur Rechten ein Ehepaar mit einem Töchterchen in meinem Alter ein. Wir Mädchen beäugten uns erst ganz vorsichtig durch den Maschenzaun, der beide Grundstücke voneinander trennte. Aber es dauerte nicht lange, bis wir Freundinnen wurden.

Nachmittags nach der Schule, wenn ich Zeit hatte, verbrachten wir viele Stunden gemeinsam mit dem Bemühen, uns gegenseitig zu verstehen. Sarah Wincy Horton sprach nur Englisch und ich nur Deutsch. Meine Englischkenntnisse von der Schule waren noch etwas schwächlich. Wir arbeiteten jedoch Tag für Tag daran und die Verständigung wurde mit der Zeit immer besser.

Der Vater von Wincy war ein General und die Familie führte ein großes Haus mit Bediensteten. So hatten sie u. a. eine deutsche Angestellte für die Küche. Beim gemeinsamen Essen wurden von ihr die Speisen aufgetragen und vorgelegt. War ich im Hause, so durfte ich selbstverständlich mitessen. Ich musste nicht mehr hungern. Ganz toll war das für mich (und meine Eltern). Heiß geliebt habe ich Toastbrot mit Thunfisch, Erdnussbutter oder Blattspinat mit Steaks. Wann wir Lust dazu hatten, konnten wir uns an Donuts satt essen. So etwas hatte ich zuvor noch nie gesehen, geschweige denn gegessen. Immer hatte Wincy riesige Berge Marshmallows, diese faden weißen Klumpen, die nach nichts schmeckten. Zuerst mussten wir sie auf einer Gabel aufspießen oder auch mal auf einer Stricknadel und dann über einer brennenden Kerze in der Flamme rösten. Nach dieser Gewaltkur schmeckten die Dinger gar nicht schlecht. Die Eltern von Wincy nahmen uns, wenn sie nach Wolfgang zum Einkaufen fuhren, oft mit. Wir gingen zusammen ins Kino und sahen amerikanische Filme, wenn ich auch nicht alles verstand. Auffallend war, dass alle jungen Amerikanerinnen ihre Babys mit ins Kino nahmen. Wir gingen sonntags gemeinsam mit der Familie in die »Church« oder wir zwei Mädchen in die Sonntagsschule. Für Wincy war ich beinahe wie eine Schwester und meine Englischkenntnisse profitierten davon.

Wie viele Jahre diese Freundschaft dauerte, das weiß ich heute nicht mehr. Abschied mussten wir zweimal voneinander nehmen.

Im Mai 1952 zog die Familie Horton nach Großauheim in eine noch feudalere Villa. Am 04. Mai 1952 schrieb mir Wincy etliche kleinere Verse zum Abschied in mein Poesiealbum wie z. B.:

Roses are red
Violets are blue
Candy is sweet
And so are you

There are gold ships and silver ships
but there is no ship like our friend ship

Zweimal habe ich sie dort noch besucht. Mit dem Fahrrad fuhr ich nach Großauheim, und zwar immer am Wochenende. Ich übernachtete bei ihr und wir hatten zwei vergnügte Tage. Aber eines Tages war ihre Familie verschwunden und ich wusste nicht wohin. Als es Jahre später im Fernsehen die Sendung mit Dieter Thomas Heck gab, bei der das Fernsehen half, dass Menschen, die sich aus irgendwelchen Gründen verloren hatten, wieder zusammenfanden, wollte ich schon mal nach Wincy suchen lassen. Aber es unterblieb dann ...

Es war 1956, als meine Familie endlich unser Haus in der Eichhornstraße verputzen ließ. Die Eltern hatten wohl das Geld für solch ein Vorhaben beisammen. Es bestand auch keine Gefahr mehr, dass ein jetzt ansehnliches Haus requiriert werden würde. Malermeister Ruth aus Wachenbuchen wurde mit der Arbeit betraut. Ich kletterte während der Arbeiten mit auf dem Gerüst rum und machte mich nützlich, wo es ging. Mit dem Gedicht, das ich aus diesem Anlass schrieb, möchte ich das Kapitel beenden:

Der Malermeister
Als Malermeister wohl bekannt
ist er zur Stadt und auf dem Land.
Er tüncht die Wand und streicht die Decke
und macht dabei sehr viele Flecke.
Das ist der Hausfrau Überdruss,
weil sie alles putzen muss.

Er macht zwar alles neu und schön,
doch sieht man ihn gern wieder gehn.
Zum Schluss oft kommen große Qualen,
wenn der Hausherr muss bezahlen.

Ochs am Berg

»Ooooooooochs aaaaaam Berg«, rief Gisela laut über den Schulhof. Sie stand vor der Hauswand der Schule mit dem Rücken zu uns. Wir bildeten eine Reihe in ein paar Metern Abstand hinter ihr und gingen schnell und lautlos während ihres Rufes einige kleine Schritte nach vorne. Sobald ihr Ruf verhallt war, drehte sie sich blitzschnell nach uns um und wehe, wenn dann noch einer auch nur eine Spur wackelte. »Du bist ab und musst zurück«, rief sie dann und der Unglückliche musste wieder zurück zu seinem Ausgangspunkt. Das Ziel dieses Gruppenspieles war es, den Spieler, der rückwärts vor der Gruppe stand während seines Rufens lautlos einzuholen und abzuschlagen. Nur dann hatte einer der Verfolger gewonnen und durfte sich nun selbst vor die Gruppe stellen und »Ochs am Berg« rufen. Wie schön war es, dass ich hier auf dem Schulhof wieder mit meinen Freundinnen zusammen sein konnte. Das hatte zu Beginn des laufenden Schuljahres nicht so ausgesehen.

Die Siedlung Hohe Tanne gehörte verwaltungstechnisch bis zum Jahre 1974 zu Wachenbuchen. Demnach mussten alle Schulanfänger, die auf der Hohen Tanne wohnten, auch die Grundschule in Wachenbuchen besuchen. Ostern 1946, beinahe ein Jahr nach Kriegsende, wurde erst einmal der Jahrgang 1939 eingeschult. Meine Freundinnen, mit denen ich immer spielte, gingen also jetzt zur Schule und hatten nur noch wenig Zeit für mich.

Der Schulweg nach Wachenbuchen war sehr lang, vier Kilometer eine Strecke auf der Landstraße durch den Wald. Und da es im Jahre 1946 weder einen Linienbus, geschweige denn einen Schulbus gab, mussten die Schulkinder eben diesen langen Weg im Sommer wie im Winter zweimal am Tage laufen.

Ich sollte dem Alter entsprechend erst im Jahre 1947 eingeschult werden. Zum Glück hatte meine Mutter herausgefunden, dass ich bei einer Einschulung 1947 das einzige Kind von der Hohen Tanne gewesen wäre. Folglich hätte ich auch den langen Schulweg ganz alleine machen müssen. Sie setzte daher alle Hebel in Bewegung, um für mich noch eine Einschulung in das laufende

Schuljahr 1946/47 zu erreichen. Bis zum Schulrat drang sie vor. Der erteilte am 03.09.1946 die Genehmigung, dass ich in das bereits seit einem halben Jahr laufende Schuljahr noch eingeschult werden durfte. Nachdem der Unterricht für meine Freundinnen schon ein halbes Jahr lief, wurde ich so ganz einfach sang- und klanglos am 05.09.1946 in den Jahrgang 1939 nachgeschult. Ich weiß nicht, ob meine Freundinnen eine Schultüte gehabt hatten, damals an ihrem ersten Schultag. Ich hatte auf alle Fälle keine bei meiner Nachschulung und bekam auch niemals so ein schönes Klassenbild, wie es von allen anderen am ersten Schultag gemacht worden war – schade.

Schuljahresbeginn war offiziell Ostern 1946 gewesen und dieses Jahr lief auch bis Ostern 1947. Von 1947 bis Ostern 1948 lief das zweite Schuljahr. Das Schuljahr 1948/49 wurde um ein halbes Jahr verlängert bis zum Herbst 1949. Warum auch immer die Schulbehörde das so handhabte, ist mir schleierhaft. Damals wird sie gewusst haben warum. Folglich blieb für das letzte, das vierte Jahr nur noch ein halbes Jahr übrig bis Ostern 1950. Letztendlich vier Grundschuljahre mit zwei Verschiebungen, das ist Fakt. Ostern 1950 wechselten wir auf das Gymnasium.

In den folgenden Schuljahren war ich immer die jüngste Schülerin, immer ein Geburtsjahr jünger als meine Mitschüler. Ich ging ein Jahr früher zur Konfirmation und kam auch ein Jahr eher in die Tanzstunde. Wie schon erwähnt, war der Schulweg lang und musste erlaufen werden. Wir waren jetzt zu siebt: Karin, Christa, Inge, Gisela, Margrit, Christaluise und ich. Begann die Schule um acht Uhr, so mussten wir uns eine Stunde vorher auf den Weg machen. Im Sommer war das ja ganz schön. Insbesondere auf dem Rückweg nach der Schule pflückten wir Wiesensträuße für die Muttis zu Hause oder sammelten Kletten, aus denen wir kleine klebrige Körbchen formten, die wir mit Blumen oder Früchten füllten. Ein Riesengaudi kam oft auf, wenn wir die Kletten, und es wuchsen unzählige am Wegesrand, uns gegenseitig unter die Bluse stopften. Das kitzelte und war ganz schön eklig. Da während dieser Zeit die Felder noch bis zu den ersten Häuserreihen von Wachenbuchen reichten und unser Weg an ihnen vorbeiführte, kam es schon einmal vor, dass uns ein Bauer mit einem Kohlkopf oder einem Rettich auf dem Heimweg beglückte. Stolz trugen wir diese Trophäen nach Hause, wo alles Essbare knapp war und diese Mitbringsel gut ankamen.

Regnete es, so beeilten wir uns, um nicht völlig durchnässt in der Schule anzukommen. Der Schulweg im Winter, oft gab es noch richtige Winter mit viel Schnee, war speziell. Es waren sehr wenige Autos unterwegs, denn wer hatte zu dieser Zeit schon eines. Der Schnee auf den winterlich verschneiten Straßen wurde nicht geräumt. An manchen Tagen machte es uns Spaß, auf dem Weg zur Schule unbedingt noch eine große Schneeballschlacht zu veranstalten oder uns wie die jungen Hunde im Schnee zu wälzen. Kamen wir dann völlig durchnässt in der Schule an, so konnte es unser Klassenlehrer, der liebe Herr Halbritter, nicht verantworten, uns vier oder fünf Stunden so nass im Unterricht sitzen zu lassen und er schickte uns gleich nach der Ankunft zurück nach Hause.

Ich schätze so mit sieben oder acht Jahren bekam ich mein erstes Fahrrad. Dagmar – ihr Vater war Sänger am Hanauer Stadttheater – war ihrem Fahrrad entwachsen und so ging dieses gegen Bezahlung in meinen Besitz über. Mein Großvater machte eine riesige Ausnahme mit seinen Anstreichgewohnheiten und pinselte mir das Fahrrad anstatt rotbraun mit einer grell leuchtenden hellblauen Farbe an. Es sah beinahe wie neu aus. Und nun galt es fleißig Fahren üben. Anfangs noch recht wackelig ging es schon in kurzer Zeit immer rund um die Insel.

Dort, wo die Amsel- und die Eichhornstraße aufeinandertreffen, war ein kleines, nur wenige Quadratmeter großes Stück Wald mit einigen Kiefern auf dem sandigen Boden bei der Straßenplanung außen vor gelassen worden und stehen geblieben – eben wie eine Insel im Verlauf der Straßen. Für alle Bewohner der Hohen Tanne war es »die Insel«.

Es dauerte nicht lange und ich konnte mich meinen Freundinnen anschließen und wir fuhren gemeinsam mit dem Fahrrad zur Schule nach Wachenbuchen. Einmal soll dort im Wald ein Mensch aufgetaucht sein, den Frühlingsgefühle heimsuchten und der sich entblößt zur Schau stellte. Ich habe ihn niemals gesehen. Aber ab diesem Zeitpunkt trafen wir Radler uns jeden Morgen am Bismarckturm mit einer Lehrerin, die mit ihrem Fahrrad aus Hanau kam. Sie sammelte uns Radler ein und wir fuhren im Verbund zur Schule.

Zu Hause hatten wir eine sehr geräumige Garderobe. Sie war so groß wie ein Zimmer. Genau unter dem Fenster zur Straße hin stand die Nähmaschine meiner Großmutter. Dieser gegenüber an der anderen Wand hatte ein altes Schulpult seinen Ehrenplatz gefunden. An diesem hatte mein Vater vor vielen Jahren in seinem Elternhaus die Hausaufgaben erledigt. Die Schreibfläche war leicht schräg. Klappte man diese auf, war die Rückseite eine Tafel, auf der mit Kreide geschrieben werden konnte und zugleich darunter befand sich ein großes geräumiges Fach für die diversen Utensilien wie Hefte, Schreibzeug, Lineal usw. Die angebaute Bank davor bot Platz für zwei. In meinem ersten Schuljahr, meinem ersten nur halben Schuljahr, habe ich dort viele Stunden gesessen und mit meiner Mutter Lesen geübt. Meine Mitschüler waren ja schon ein halbes Jahr weiter als ich. Mir fiel es anfangs wahnsinnig schwer, Worte zusammenhängend zu lesen. Ich las immer nur die einzelnen Silben, jede für sich, konnte diese aber nicht zu einem Wort verbinden, wie z. B. Zwie-back oder Bahnhof. Irgendwie muss es aber dann doch eines Tages mit dem Lesen geklappt haben. Ich wurde eine gute Schülerin, die schnell ihre Mitschüler wissenstechnisch einholte. Wir hatten aber auch einen sehr guten Klassenlehrer. Er gab sich alle erdenkliche Mühe und wir lernten sehr viel bei ihm.

Das Schulgebäude war ein alter ehrwürdiger Kasten. Im Jahre 1907 hatte die Gemeinde Wachenbuchen beschlossen, ein neues Schulgebäude zu errichten. Im Jahre 1909 war bereits die erste Einschulung eben in diesem neuen Gebäude. Eine zweckmäßige Schule mit vier Klassenräumen war erstanden. Im ersten Schulraum gleich unten rechts waren die Erst- und Zweitklässler untergebracht. Hier standen noch Schultische und Bänke in Kinderformat. Die drei übrigen Klassen hatten für damalige Zeiten ganz normale Schulbänke. Auf der Schreibplatte waren eine Schale für Griffel und Stifte und auch ein Tintenfass eingelassen.

Toiletten waren nicht vorgesehen in diesem Haus. Ein Toilettenhäuschen stand im hinteren Schulhof ein wenig im Abseits. Hier war ein beliebter Treffpunkt in den Pausen.

Ein gewaltiger Sockel aus dicken, behauenen, grauen Basaltsteinen verlieh dem Gebäude ein stattliches, Ehrfurcht einflößendes Aussehen. Überhaupt gab es in Wachenbuchen eine Menge Häuser, die einen Sockel aus Basaltsteinen hatten. Mit Sicherheit stammte dieses Baumaterial aus dem Steinbruch Kaiser bei Wilhelmsbad.

Ein Schulausflug führte uns dort hin. Wir gingen auf der befestigten Rampe hinunter bis zur Sohle des Steinbruches. Anhand der steil aufragenden Basaltwände rings um uns erklärte uns unser Lehrer die verschiedenen erkennbaren Gesteinsschichten. Er zeigte uns auch die Kies- und Sandablagerungen darüber. Vor ca. 15 Millionen von Jahren, als der Vogelsberg noch ein aktiver Vulkan gewesen sei, so erklärte unser Lehrer, seien dessen Lavaströme bis nach Wilhelmsbad geflossen und dort zu gewaltigen Basaltmassen erkaltet. Nach der Eiszeit, als die Eisdecke sich langsam in Wasser und einzelne Flussläufe auflöste, müssen deren Sedimente wie Kies und Sand sich über dem Basalt abgelagert haben. So entstand in Millionen von Jahren die Erdfläche, auf der Wilhelmsbad erbaut ist. Es war ein kleiner, aber feiner Schulausflug. Eine versteinerte kleine Echse interessierte alle Schüler sehr. Der Lehrer berichtete über Naturgewalten, die wir Kleinen kaum begreifen konnten. Dieser Ausflug ist mir mein Leben lang in Erinnerung geblieben.

In den Pausen spielten wir im Schulhof unter den Schatten spendenden Kastanien. Wer von uns erinnert sich noch an »Ochs am Berg« oder »Mutter, wie viele Schritte darf ich gehen?«? Wir Mädels spielten auch gerne »Ringlein, Ringlein, du musst wandern«. Das war unser Vergnügen in den Pausen und fast die ganze Klasse konnte mitspielen.

Der Krieg war mittlerweile zu Ende gegangen. Die Alliierten hatten das deutsche Volk umgebracht, ausgelaugt, ausgebombt, teilweise gefangen genommen und größtenteils demoralisiert. Aber was soll mit einem Volk geschehen, das derart am Boden liegt? Die Kraft und der Wille, das Chaos zu überleben und wieder auf die Füße zu kommen, waren zwar da, aber noch ein ganz zartes anfälliges Pflänzchen. Also musste dieses Pflänzchen erst einmal Nahrung erhalten, damit es wieder existieren und wachsen konnte. Die bedürftigen Familien erhielten von ihren Verwandten oder Freunden in Amerika die sogenannten Care-Pakete. Eine tolle Sache für die, die das Glück hatten, solch ein Paket zu erhalten. Dann war das Überleben gesichert. Ein Care-Paket enthielt manches, von dem der Empfänger nicht gleich wusste, wie es zu gebrauchen war. Die Aufschriften auf den Dosen und Verpackungen waren in englischer Sprache geschrieben und oft nicht so ganz einfach zu übersetzen. Große armeegrüne Dosen enthielten kleine geschälte Kartoffeln. Es gab Ei- und Milchpulver sowie Packungen mit getrockneten Karottenschnipseln oder mit Maisgrieß. Wer solch ein Paket einmal in Händen hatte, wird sich heute noch ganz genau an dessen Inhalt erinnern können. Meine Familie hatte leider niemals das Glück, eines zu erhalten. Aber trotzdem kann ich mich an manche Köstlichkeit erinnern, da oft eine solche auch eingetauscht wurde gegen Dinge aus unserem Haushalt, die wir entbehren konnten. Ich glaube, Omas wertvolle Tisch- und Bettwäsche wurde zum Überleben geopfert.

Einmal gelang es meinem Vater, am Beethovenplatz ein kleines Fass mit Salz zu ergattern. Das war ein wertvoller Schatz. Die Bauern in Wachenbuchen gebrauchten dieses Salz beim Schlachten und waren dankbar dafür. Gegen Kartoffeln und Gemüse wanderte unser Salzvorrat von einer Hand in die andere.

Da der Brotkorb zu Hause sehr hoch hing und oft nur dürftig gefüllt war, wurden wir Schulkinder mit Schulspeisung, die das amerikanische Militär sponserte, bei Laune und Kraft gehalten. Wir Schulkinder brachten unsere Teller, Becher oder kleinen Blechnäpfe und einen Löffel mit in die Schule. In der großen Pause verteilten hilfreiche Hände die Schulspeisung aus den großen blauen Töpfen. Besonders gut hat mir der Nudeleintopf mit Hühnerfleisch geschmeckt. Nicht so toll fand ich den süßen Brei mit den dick aufgequollenen Rosinen, die aussahen wie tote Fliegen. Gegen kleines Geld, das der Klassenlehrer einsammelte und uns dafür mit Gutschein-Kärtchen versorgte, konnten wir auch Viertel-Liter-Fläschchen mit Milch oder Kakao kaufen. Das war einfach toll nach all den Entbehrungen, die hinter uns lagen.

Mehrmals wurden wir Kinder von der Schulleitung abgestellt zur Sonderaktion »Kartoffelkäfer«. Lehrer wie Schüler machten sozusagen einen Betriebsausflug in Sachen Kartoffelkäfer. Dann gingen die Lehrer anstatt in die Schule zum Unterricht mit uns auf die Kartoffelfelder rund um Wachenbuchen. Von zu Hause hatten wir für diesen Zweck alte Blechdosen mitgebracht. Damit ich meine Dose besser tragen konnte, hatte mir mein Opa einen Henkel aus Draht gedreht und daran befestigt. Die Schüler aller Klassen hatten nun die Aufgabe, die Kartoffelkäfer und ihre orange-roten Larven von den Kartoffelpflanzen abzulesen, zu sammeln und der Vernichtung zuzuführen. Ich kann euch sagen, bei dieser Arbeit kam wirklich keine Freude auf. Angeblich soll die Plage der Kartoffelkäfer von den Amerikanern außer Ketchup, Jeans und Chewinggum mit nach Europa gebracht worden sein. Das war eine wirklich eklige Arbeit. Und das ging nicht nur einmal so. Giftige Spritzmittel gegen diese Plage gab es noch nicht. Ich glaube im Nachhinein, wir haben ganz Wachenbuchen von diesem Ungeziefer befreit – sozusagen »entkäfert«. Unser Pausenbrot hat nach solchen Aktionen auf alle Fälle nicht mehr geschmeckt.

Diese dreieinhalb Jahre Grundschule in Wachenbuchen waren für mich eine schöne Zeit, an die ich mich gerne erinnere.

Hatte ich nach der Schule noch meiner verstorbenen Tante auf dem Friedhof ein Blumensträußchen gebracht oder sollte ich meiner Mutter aus der Apotheke ein Medikament mitbringen, kam es vor, dass ich den Heimweg später als meine Freundinnen antrat. Es war manches Mal zur Mittagszeit, dass ich verspätet durch die verwaisten Straßen des Dorfes ging. Viele Landwirte hatten noch ihren Hof im Ort. Sie mussten früh aufstehen, um ihr Vieh und ihre Felder ordentlich zu versorgen. In der Mittagshitze im Sommer ruhte die Arbeit und sie zogen sich zur Mittagsruhe in ihre kühlen Häuser zurück. Manche Geräusche, für mich typische Geräusche eines Dorfes, habe ich noch heute im Ohr und bringe sie immer wieder in Verbindung mit meinem Nachhauseweg durch die in der Mittagszeit leeren Dorfstraßen. Von der Schreinerei am Ortsausgang in Richtung Niederdorfelden höre ich in Gedanken das schrille Kreischen einer Kreissäge. Gelegentlich krähte auch ein Hahn in der Ferne, der seine Siesta im kühlenden Sand auf seinem Hof noch nicht begonnen hatte. An solchen heißen Tagen zog sich der Weg unendlich in die Länge. Ungefähr einen Kilometer musste ich vom Ortsausgang vorbei an den vor Hitze flimmernden Getreidefeldern der Sonne ausgesetzt gehen. Dann schirmte meinen Weg der kühlende Wald mit seinem Blätterdach. Erst nach weiteren drei Kilometern erreichte ich die Hohe Tanne.

Diese ländlichen Geräusche, die meinen Weg begleiteten, liebte ich. Sie gehören zum Leben auf dem Lande dazu, genauso wie das Läuten der Kirchenglocken am Sonntagmorgen.

Heute lebe ich auch auf dem Lande und oft ist eines meiner acht Enkelkinder am Wochenende zu Besuch. Wenn wir dann am Sonntagmorgen am Frühstückstisch sitzen und die vier Glocken unserer Dorfkirche beginnen den Sonntag einzuläuten, dann öffnen wir das Fenster im Esszimmer und hören andächtig dem Läuten zu und die Kleinen habe ihre Freude am Bimbam der Glocken. Wir beobachten die Vögel im Fluge, sehen die Bäume, deren Blattwerk von der Luft leicht bewegt wird, und hören die Glocken vom Kirchturme – vielleicht hüllt sogar die Frühsonne dieses Bild in ein helles Licht, und dann wissen wir, und ich bin ganz sicher, unsere Kleinen spüren das auch schon, ein Sonntagmorgen auf dem Lande ist etwas besonders Schönes, etwas Einmaliges. Es ist ein Tag, den Gott gemacht hat.

Viechereien

Nach der Kapitulation Deutschlands ging für meinen Großvater die Zeit seiner Dienstverpflichtung im Schwabenländle zu Ende. Er konnte seinen Standort wechseln. Fortan gehörte er wieder zu seiner Familie auf der Hohen Tanne. In dem Kapitel »Oma und Opa Dinse« habe ich schon manches über ihn erzählt. Aber Opa machte sich nicht nur an allen Ecken und Enden nützlich. Nein, er begann unseren Haushalt durch so manches Haustier zu bereichern.

Aus der Küche und dem Wohnzimmer konnten wir auf die große Terrasse gelangen, die hinten am Haus die ganze Breite des Hauses einnahm. Und just unter dieser Terrasse waren ebenerdig neben der Treppe, die in den Keller führte, zwei kleine Gewölbe gemauert. Für welchen Zweck der Architekt diese Teile eingeplant hatte, entzieht sich meinen Kenntnissen. Meinem Großvater kamen sie gelegen. Er bastelte zwei passende Rahmen aus Holz, die in der Mitte geteilt waren. Dadurch entstanden Flügeltüren. Auf diese nagelte er Hasendraht und versah die Türen mit einem Riegel. Jetzt wurde für die künftigen Bewohner ein bequemes Lager aus Heu und Stroh geschaffen. Zwei sehr feudale Hasenställe waren entstanden. Bald darauf wurden diese auch bezogen.

Wie freute sich die Familie, insbesondere Klein-Ingrid, über diesen Familienzuwachs. Natürlich durfte ich auch dann und wann ein Häschen herausnehmen und mit ihm schmusen. Fingen die Häsinnen an, sich große Teile ihrer Wolle auszurupfen und daraus ein Nest für den Nachwuchs zu bauen, war ich nicht mehr von den Ställen wegzubringen.

Und eines Morgens war es dann so weit. Über Nacht hatte die Häsin ihre Jungen in das Nestchen gelegt. Drei, vier oder auch fünf kleine nackte Häschen kuschelten sich dicht aneinander. Von mir und der großen Welt konnten sie noch nichts sehen. Ihre Augen waren noch fest geschlossen. Es machte mir viel Freude, die Hasen zu beobachten und groß werden zu sehen.

Als es eines Tages hieß: »Heute gibt es Hasenbraten«, und Oma damit beschäftigt war, diesen Braten fein zuzubereiten und auf den Feiertagstisch zu bringen, war für mich die Welt nicht mehr in Ordnung. Wie konnten wir ein Tier, das wir so lieb gehabt hatten, jetzt aufessen? Und es wurde alles ratzeputz aufgegessen. Meine liebe Oma brachte es sogar fertig, die winzigsten Fleischteilchen vom Kopf des Hasen abzulesen.

Um überleben zu können, mussten nicht nur die Stallhasen dran glauben. Nein, eines Tages baute Opa einen Hühnerstall im hinteren Teil des Gartens mit einem großen Auslauf für das Federvieh. Eiereinsammeln machte mir Freude. Die Hühner freuten sich ihrerseits sehr über dicke Engerlinge, die wir leider zu oft unter kleinen Gemüsepflänzchen oder unseren Erdbeerpflanzen fanden. Es war ein Geben und Nehmen. Dem stolzen weißen Hahn gab ich einen Namen. Franz hieß das stolze Tier. Er war ein richtiger Schlingel, der sich von niemandem anfassen ließ. Nur ich hatte einen lieben Freund gefunden. Oft schnappte ich mir Franz und trug ihn unter den Arm geklemmt lange durch unseren Garten. Und das sehr zum Erstaunen der Familie.

Eines Tages fiel auch Franz der Fresslust der Familie zum Opfer. Er wurde enthauptet. Von diesem Festmahl habe ich mich distanziert. Einige dicke Tränen habe ich dem Lieben nachgeweint.

Nicht alle Tiere, die im Hause Bury großgezogen wurden, wanderten in den Kochtopf. Nach dem Einbruch in unser Wohnzimmer – im Kapitel »Vati« berichte ich hierüber noch ausführlich – und dem Diebstahl des Firmenschmuckes wurden zwei Hunde angeschafft. Max und Moritz, zwei schwarze Spitze, sollten fortan auf das Anwesen samt totem und lebendem Inventar aufpassen. Es waren tüchtige Kläffer. Klingelte es an der Gartentüre, so flitzten die beiden wie zwei Raketen nach vorne, sprangen furchterregend am Tor hoch und bellten und bellten schrill und laut. Unser damaliger Briefträger, Herr Koller aus der Hochstädter Landstraße, könnte ein Lied davon singen, so er noch am Leben wäre.

Leider hatte Moritz ein recht kurzes Dasein. Er verstarb und Mutti setzte ihn im seitlichen Garten unter den restlich verbliebenen Waldbäumen, wie da waren zwei Birken, eine Buche, zwei oder drei dürre Kiefern und ein kleiner Eichenbaum, gleich neben den hellblau blühenden Schwertlilien bei. Ein Hundegrab unter Schatten spendenden Bäumen. Sehr idyllisch.

Max sollte wieder einen Bruder bekommen. Dieses Mal wurde ein weißer Spitz ausgesucht. Ein schwarz-weißes Kläfferpaar.

Doch auch der weiße Moritz blieb nicht lange gesund. Eine Lähmung der rückwärtigen Körperhälfte machte bald ein normales Laufen für ihn unmöglich. Aber meine Mutter pflegte das arme Tier bis zu seinem von mir oft herbeigesehnten Tod. Musste er Gassi, so zog sie das Tier mit den gelähmten Hinterbeinen noch viele Monate auf einem kleinen Wägelchen. Eine unnötige Quälerei. Hierfür hatte und habe ich kein Verständnis.

Eine kleine Kanarienbande erfreute uns mit ihrem Zwitschern und Tirilieren für kurze Zeit. Diese kleinen orangefarbenen Vögelchen wurden weder aufgegessen noch auf einem Wägelchen gefahren. Wenn ihre Zeit gekommen war, starben sie eines natürlichen Todes.

Vati

Mein Vater war zeitlebens ein passionierter Schmalfilmer. Ein Ausspruch in späteren Jahren von ihm war: »Filmen, das war mein Leben!« Schon im Jahre 1935 entstanden seine ersten Schmalfilme. Er filmte nicht nur bis zu Beginn des Krieges. So existieren beispielsweise Aufnahmen von der Hanauer Altstadt vor der Zerstörung, von der Zeit danach und dem Wiederaufbau. Vati filmte auch während seiner Kriegszeit in Norwegen, in der er noch eine ruhige Kugel schieben konnte. Erst als seine Kompanie an die Ostfront verlegt wurde, war Pause mit der Filmerei.

Ab dem Zeitpunkt, als er wieder in unseren Alltag auf der Hohen Tanne eintrat, filmte, filmte und filmte er. Er filmte Klein-Ingrid auf dem Töpfchen, filmte das Häufchen, das ich gemacht

Der Filmer

hatte, meine ersten Gehversuche, Kindergeburtstage, Unterricht in der Schule, meine Konfirmation, Verlobung und Hochzeit. Nicht aufgenommen hat er – heute muss ich sagen »leider« – die Theaterspielerei. Ansonsten ist mein Leben wirklich beinahe lückenlos in Schmalfilmen festgehalten. Als er beim Tode meiner Mutter im Jahre 1973 auch noch in Erwägung zog, deren Beerdigung zu filmen, haben wir uns beinahe zerstritten. Doch recht schweren Herzens hat er diese Geschmacklosigkeit dann unterlassen.

Überhaupt fiel mir als Kind und Heranwachsende diese besessene Filmerei ziemlich auf den Wecker. Bei jeder passenden und unpassenden Gelegenheit musste ich parieren, gerade stehen, den Weg noch einmal zurück und dann wieder vor gehen. Damals hat mich das unendlich genervt. Heute sehe ich dies mit etwas anderen Augen. Insbesondere in den dunklen Wintermonaten schaue ich mit meiner Familie die alten Filme gerne an und wir freuen uns gemeinsam daran. Es kann ab und zu vorkommen, dass ich nicht genau weiß, sehe ich eine Begebenheit aus der Erinnerung, aus dem Kopf oder habe ich ein Bild aus den zahlreichen Schmalfilmen vor Augen.

Feldpostkiste

Im Laufe des Krieges, insbesondere der Zeit in Norwegen, versuchte mein Vater uns, die hungernde Familie in der Heimat, ab und zu, so wie er dies einrichten konnte, mit Naturalien zu versorgen. Kleine Päckchen, ab und zu auch mal eine Feldpostkiste, gingen zwischen Norwegen und Hanau – Hohe Tanne auf die Reise. Manches Mal schickte er uns sogenannten »Klippfisch«, auf den Klippen getrockneten Fisch. Diesen musste Oma vor dem Zubereiten in Wasser einweichen, damit er seine ursprüngliche Gestalt wieder annahm. In trockenem Zustand konnten wir den Fisch sehr lange aufheben. So geschah es einmal, dass meine Mutter und Oma dachten, sie hätten da noch ein Päckchen mit Klippfisch gefunden. Jedoch stellte sich beim Einweichen heraus, dass es dieses Mal kein Klippfisch, sondern eine dicke Scheibe Speck gewesen war. Vater hatte es gut mit uns gemeint. Nur war der Speck mittlerweile durch die lange Lagerung ranzig geworden. Fett war während des Krieges eine Rarität! Und so wurde unter Ausschaltung jeglichen Geruchs- und Geschmacksinnes dieser ranzige Speck noch mit Liebe unter die Bratkartoffeln gemengt. Au Backe hat das fein geschmeckt. Es schüttelt mich noch heute beim Gedanken an diese Mahlzeit.

Während der langen Kriegszeit kam mein Vater auch manches Mal auf Heimaturlaub. Es kann wohl nie für eine längere Zeitspanne gewesen sein. Sicher waren es immer nur einige wenige Tage, denn ich habe keine so rechte Erinnerung daran. Gegen Kriegsende wurde Vati von Norwegen aus noch an die Ostfront verlegt. Hier ging es nur noch ums Überleben und Durchkommen, nicht mehr um Heimaturlaub.

Der Krieg war am 08. Mai 1945 kurz vor meinem fünften Geburtstag zu Ende. Mein Vater hatte überlebt und kam in das berüchtigte Kriegsgefangenenlager Bad Kreuznach, dem sogenannten Hungerlager. Oft hat er davon erzählt. Hier wurden den deutschen Soldaten erst einmal alle Wertsachen wie Armbanduhren und Schmuck abgenommen. Seinen Ehering hatte er schnell und geistesgegenwärtig in einem seiner verschlammten Stiefel versteckt. Da das Lager völlig überfüllt war mit gefangenen Soldaten, mussten diese auf der blanken Erde schlafen. Die Amerikaner, die zuerst das Kommando über das Lager hatten, waren mit der enorm großen Menge der Gefangenen regelrecht überfordert. Ab Oktober 1945 wurde es Durchgangslager unter der Regie der Franzosen. Zeitweise hielten sich in den 24 Käfigen (Cages) bis zu 100.000 Gefangene auf. Eine große Anzahl dieser armen Heruntergekommenen hat den Aufenthalt dort nicht überlebt. Die Männer starben den Hungertod oder fielen Seuchen und Krankheiten zum Opfer.

Oft hat mein Vater davon erzählt, dass ihn hier im Lager sein berüchtigtes Organisationstalent fast das Leben gekostet hätte. Die Gefangenen mussten bei Wind und Wetter im strömenden Regen im Freien verharren. Es gab zu wenig zum Essen und keine andere Möglichkeit, als auf der blanken Erde zu schlafen. Für die Essensausgabe bildeten sich lange Reihen, bis jeder Gefangene eine Dose Gemüse oder Obst ausgehändigt bekam. Mein Vater hatte nun beobachtet, dass immer, wenn ein Karton mit Dosen leer wurde, dieser nach hinten weggeworfen wurde. Als er an die Reihe kam, seine Dose in Empfang zu nehmen, sah er mit kurzem Blick, dass vier bis fünf Soldaten nach ihm der Karton leer werden würde. Er nahm schnell die ihm zugedachte Dose in Empfang, schwenkte herum und stellte sich weiter hinten nochmals in die Reihe, um den frei werdenden Karton zu erwischen. Der Aufseher hatte jedoch den Eindruck gewonnen, als wollte er nochmals Essen fassen, und dies wurde ihm zum Verhängnis. Der Aufseher schnappte ihn am Kragen, zog ihn aus der Reihe und er wurde dann so lange mit dem Knüppel verdroschen, bis er nicht mehr stehen konnte. Es war ein verdammtes Glück, dass er sich wieder aufrappelte.

Ein glücklicher Umstand war es auch, dass mein Vater nur kurze Zeit in diesem berüchtigten Gefangenenlager ausharren musste, bis er entlassen wurde. Es muss im Juni 1945 gewesen sein. Die Erdbeeren waren gerade reif. Das Gerücht seiner Entlassung war ihm irgendwie vorausgeeilt. Mutti, Omama und auch ich wussten Bescheid und wir warteten auf seine Ankunft. Die Sommersonne schien, es war ein schöner Tag und dann kam er. Noch heute sehe ich die Situation genau vor Augen. Mein Vater kam sehr schlank und ausgehungert in seiner verschmutzten feldgrauen Uniform von der falschen Seite (!) die Straße gegangen. Wenn man – von unserem Haus aus gesehen – auf der Hohen Tanne ankam, so bog man doch von links in die Eichhornstraße ein, nämlich aus Richtung Hanau – Beethovenplatz. Er aber kam von der rechten Seite die Eichhornstraße gelaufen aus Richtung Hochstadt. Ich kann beide Augen schließen und mein Vater kommt immer von rechts. Es stellte sich heraus, dass ihn ein Kamerad aus Hochstadt ein Stück des Weges mitgenommen hatte. Habe ich mich gefreut damals? Ich kannte meinen Vater kaum. Er war ein beinahe fremder Mann für mich. Ich weiß es nicht mehr. Die Erdbeeren waren reif und ich saß auf seinem Schoß, einen kleinen Teller mit roten Früchten in der Hand, von denen er sich bediente. Das ist alles, an das ich mich erinnern kann – nicht viel für solch einen großen Moment.

Nach seiner Rückkehr hatte es Vati wirklich nicht leicht. Erst einmal musste er seine Kriegstraumata verarbeiten. Wie er das bewältigt hat und ob überhaupt entzieht sich meiner Kenntnis. Er war fünf lange Jahre von zu Hause fort gewesen. Es hätten die schönsten Jahre seiner jungen Ehe werden sollen. Zwischenzeitlich war er Vater geworden. Seine kleine Tochter kannte er nur von kurzen Fronturlauben und seine Tochter kannte ihn so gut wie gar nicht. Ein kleines Kind, das eine Bezugsperson nur ab und zu sieht, muss diese bei jeder Begegnung neu kennenlernen.

In diesen fünf Jahren waren seine Schwiegereltern in sein Haus, auf das er sich mit seiner jungen Frau so gefreut hatte, eingezogen und hatten sich dort breitgemacht. Es war ohne ihn eine Gemeinschaft gewachsen. Jeder hatte eigene Verpflichtungen übernommen und Vati stand außen vor. Ich weiß aus der Erinnerung, dass es oft zu Spannungen und Reibereien kam. Heute habe ich das Gefühl, dass mein Vater sich so sehr seiner Filmerei widmete, allein aus dem Grunde, da er dann alleine in seinem Dachzimmerchen mit sich, seinen Gedanken und seinen Filmen sein konnte.

Selbstverständlich übernahm Vater nach und nach Aufgaben in unserem Familienverbund. Es wurde jede Hand gebraucht. Allein um das Brennstoffproblem zu meistern, musste so manches unternommen werden. Koks und Eierkohlen gab es kaum. Wir heizten mit Braunkohle und Holz. Beides verflackerte nur allzu schnell und ein größerer Vorrat war vonnöten. Bei der Gemeinde Wachenbuchen wurde auf Bezugsschein schon mal ein Festmeter Holz zugeteilt. Dieser musste dann sehr zügig vom Wald nach Hause transportiert werden, sonst war am Ende nichts davon übrig. Einfacher und preiswerter kam man an die sogenannten Schleifhaufen. Das war lediglich das dünne Geäst eines Baumes, die Krone. Es war sperrig, hatte nur wenig Holzanteil, oft nur spindeldürre Zweige, Nadeln oder Blätter. Wir hielten es so, dass die Männer, soweit vorhanden, dieses Gestrüpp gleich an Ort und Stelle in kleinere Teile zersägten und es auf unserem gummibereiften Anhänger nach Hause zogen. Eine schwere Arbeit. Damit war es aber noch nicht getan. Die Stube war noch nicht warm, auch wenn es den Beteiligten schon bei der Vorarbeit recht warm geworden war. Das selbstfahrende Sägemaschinchen wurde geordert. Für ein oder zwei Stunden, je nach Holzvorrat, stand es vor dem Haus auf der Straße. Die Meterstämme trug Vati nach draußen, wuchtete sie auf den Teller der Maschine. Der Mensch, dem der Sägewagen gehörte, schob nun den Stamm unter strenger Beobachtung seiner beiden Hände an die Bandsäge heran und schnitt den Holzstamm in Rollen von ungefähr dreißig Zentimeter Länge. Meine Mutter nahm diese Rollen ab, stapelte sie in einer Schubkarre und fuhr sie in den hinteren Teil unseres Gartens auf den Holzplatz. Es wurde schnell gearbeitet nach dem Motto: Zeit ist Geld. Andere warteten bereits auf die Säge.

Mit der Axt oder dem Beil zerteilte mein Vater die Holzrollen in Scheite zur Verfeuerung. Einmal, als es der Zufall wollte, dass ich mit ihm alleine zu Hause war, hat er seinen linken Daumen mit dem Holz verwechselt und diesen ziemlich gut gespalten. Er kam nach drinnen zu mir gelaufen. Gelaufen gerade so, wie auch das Blut lief. Dann sackte der starke Mann, der im Krieg so einiges gesehen und erlebt hatte, auch schon auf das Sofa wie ein gefällter Baum.

Ich war acht. Was sollte ich tun? Meinen Vater verbluten lassen? Erst einmal wickelte ich ein Handtuch um den Finger und suchte im Haus nach etwas Brauchbarem. Dann packte ich den blutenden Finger in blutstillende Watte und machte einen dicken Verband darum. Später bei Dr. Erich Curtze in Wachenbuchen musste mein Vater ziemlich unangenehme Schmerzen aushalten.

Die Watte hatte sich mit der offenen Wunde verklebt und der Arzt löste sie sehr vorsichtig aus derselben.

Ab und zu versuchte ich mich auch einmal mit Holzhacken. Aber nur selten und sehr vorsichtig.

Vor dem Krieg hatten die Vettern Fritz und Rudolf in Hanau in der Frankfurter Straße eine gemeinsame Schmuckwarenfabrik geleitet. Das Haus und die Werkstätten waren bei dem großen Angriff auf Hanau völlig zerstört worden. Im Keller waren zahlreiche Menschen im Staub und Rauch der Brandbomben erstickt. Die Firma existierte dort nicht mehr. Notdürftig wurden die Geschäftsräume auf die Hohe Tanne in unser Wohnzimmer verlegt. Die Geschäfte gingen schlecht. Wenige hatten in der miesen Zeit nach dem Krieg Sinn oder Geld, Goldschmuck zu kaufen. Einmal gingen meine Eltern noch gemeinsam mit Vetter Fritz und dessen Frau Gerda auf Reisen und besuchten geschäftlich die erste Hannovermesse. Zwei Jahre nach Kriegsende in der Zeit vom 18. August bis 7. September 1947 sollte diese Messe auf Initiative der damaligen britischen Besatzungsbehörde in Absprache mit dem Oberbefehlshaber der amerikanisch besetzten Zone durchgeführt werden. Deutschland sollte der Weltöffentlichkeit beweisen, welche wirtschaftliche Kraft es wieder zu wecken in der Lage war. Der Export sollte angekurbelt und Deutschland in die Lage versetzt werden, wieder auf eigenen Füßen zu stehen.

Wie gesagt, befand sich das Büro der Firma nach deren Zerstörung vorübergehend in unserem Wohnzimmer auf der Hohen Tanne. Am 23. Januar 1947 drangen in der Nacht Diebe in diesen Raum ein und stahlen die Musterkoffer der Firma mit ihrem Inhalt. Die Diebe waren recht dreist vorgegangen. Aus Brennstoffmangel hatten meine Eltern ein kleines Kanonenöfchen besorgt und zum Wärmen im Wohnzimmer aufgestellt. In der Türe zur Terrasse wurde eine kleine Scheibe entfernt, das entstandene Loch mit einem Blech verschlossen. Durch das Loch in der Mitte des Bleches wurde das Ofenabzugsrohr geschoben. Und hier wurden die Diebe tätig. Sie stießen das Rohr einfach nach innen, griffen durch das Loch und konnten dann die Türe aufmachen. Sie nahmen allen Schmuck mit, den sie finden konnten. Einen geringen Teil der Schmucksteine hat die Polizei später am Bahndamm gefunden.

Hier verlässt mich meine Erinnerung ein wenig. Die Firma lief schleppend weiter. Und dann kam eines Tages Herr Lotz mit seiner Feinmechanik GmbH ins Spiel. Auf dem Gelände der Fa. Bury & Leonhard in der Frankfurter Straße ließ er neue Werkstätten und Büroräume errichten. Ich denke mir, dass beide Firmen für eine gewisse Zeit zusammenarbeiteten. Es existiert ein Bild, auf dem beide Ehepaare Bury und Herr Lotz in fröhlicher Gemeinschaft zu sehen sind. Wie lange das ging, kann ich nicht mehr nachvollziehen. Ich weiß nur eines: Ende März 1949 wurde die Liquidation der Fa. Bury & Leonhard eingeleitet. Die Firma fand jedoch nur ein vorläufiges Ende. Onkel Fritz führte sie später unter neuem Namen weiter.

Jetzt war mein Vater arbeitslos und musste sich eine neue Beschäftigung suchen. Unser Haus war noch mit einer Hypothek belastet, es waren die sogenannten Lastenausgleichsabgaben zu leisten und die Familie wollte ernährt werden.

Seine erste Anstellung nach der Liquidation hat er als Buchhalter beim Berliner Verein in Frankfurt gefunden. Jeden Morgen früh mit der Aktentasche unter dem Arm den Fußweg zum Wilhelmsbader Bahnhof antreten, dann mit dem Zug nach Frankfurt fahren und dann noch mit der Straßenbahn oder vielleicht auch zu Fuß seine Arbeitsstelle aufsuchen, und das alles für sehr wenig Geld – was war das für ein Unterschied zu seiner früheren Tätigkeit!! Für die nicht mehr existierende Firma war er als Mitinhaber oft auf Reisen gegangen. Er hatte die Juweliere in großen Städten besucht und die Kollektionen der Firma vorgelegt. Abgestiegen war er in sehr guten Hotels und oft hatte er auch seine junge Frau auf diesen Reisen mitgenommen. Armer Vati!

Besser wurde es nach einigen Jahren, als er in Hanau bei der Bäckerinnung in der Friedrich-Ebert-Straße als Buchhalter angestellt wurde. Dort durfte sogar ich als Kind – ich war so um die neun Jahre – einmal mithelfen. Die Buchhaltung war zu dieser Zeit immer noch fleißige Handarbeit. Das heißt, alle Zahlen in der großen Kladde wurden mit der Hand in Tinte geschrieben. Lediglich die Additionen auf jeder Seite waren mit Bleistift eingetragen. So konnte ein Additionsfehler besser korrigiert werden. War nun ein Monat Buchhaltung fehlerfrei aufgerechnet und abgeschlossen, so mussten unter diese Bleistiftzahlen die Zahlen nochmals in Tinte geschrieben werden. Und das war nun meine Aufgabe. Ich saß neben meinem Vater an einem zweiten Schreibtisch und schrieb sehr aufmerksam die entsprechenden Zahlenreihen in Tinte ab. Herr Schneider, der damalige Chef meines Vaters, war mit meiner Arbeit zufrieden. Als Bezahlung erhielt ich meistens ein Kilo Mehl. Das Mehl war nicht in Tüten, sondern in großen neuen Taschentüchern oder Geschirrtüchern, je nach Menge, eingenäht. Und die konnten wir prima gebrauchen.

Die nächste Anstellung meines Vaters war bei der Firma Wilhelm Schwahn als Bilanzbuchhalter. Warum dieser Wechsel stattfand, weiß ich nicht mehr. Sicher war die Bezahlung dort besser. In der Firma W. Schwahn blieb er bis zum Rentenalter.

Der Zweite Weltkrieg hat nicht nur Menschen getötet, Familien auseinandergerissen, Körper und Seelen beschädigt, sondern auch unzählige Existenzen zerstört. Mein Vater, den ich als Kleinkind kaum gekannt hatte, war ein zwischen seinen Gefühlen hin und her gerissener Mensch geworden. War er auf der einen Seite romantisch und poetisch, so neigte er auf der anderen Seite zu plötzlichen unbeherrschten, jähzornigen, unkalkulierbaren Gefühlsausbrüchen, bei denen ich nach Möglichkeit in Deckung ging.

Wie schon erwähnt, sein Hobby war die Filmerei. Und dabei entwickelte sich eine gute Männerfreundschaft zwischen ihm, unserem Nachbarn Herbert Sauer und Dr. Wolfgang Hartung, der schon lange in unserem Hause ein und aus ging. Die drei schmiedeten viele Pläne. Im Jahre 1957 gründeten sie gemeinsam die Interessengemeinschaft Hanauer Filmamateure (IHFA). Mit 1-jähriger Unterbrechung leitete er bis 1968 diesen Klub. Er und seine Freunde filmten, was ihnen in die Quere kam. Anschließend wurden die Filme auch noch vertont. So einfach ging das alles nicht damals. Die Schmalfilme hatten noch keine Tonspur. Die Länge der einzelnen Filmabschnitte wurde mit der Stoppuhr gemessen. Der Ton danach auf Tonbändern aufgenommen. Verschiedene Schallplatten mit Geräuschen wie z. B. »Bellen eines Hundes auf dem Dorf«, »Abfahren eines Zuges« oder »Glockengeläut«, um nur einige Beispiele zu nennen, waren vorhanden. Oft mussten die Geräusche aber noch von Hand gemacht werden.

Einmal hatte mein Vater z. B. ein sich drehendes Mühlenrad im Spessart aufgenommen. Dieses Knarren des sich drehenden Mühlenrades sollte vertont werden. Wir stellten eine große Schüssel mit Wasser auf und ließen den geriffelten Griff eines Schneebesens aus Metall ganz langsam am Schüsselrand ins Wasser gleiten. Macht es einmal nach. Das klingt ganz echt.

Zahlreiche spätere Super-Acht-Filme hat mein Vater auch mit Originalton und Sprache aufgenommen. So kommt es, dass ich noch heute viele Jahre nach dem Tod meiner Eltern im Film und auf den Tonbändern ihre Stimmen hören kann.

Hatte ich ein gutes Verhältnis zu meinem Vater? Töchter haben oft mehr Bezug zum Vater als zur Mutter. Er war aber so lange nicht da gewesen. Ich war so oft alleine. Außer Oma und Opa hatte keiner Zeit für mich. Es entstand wenig Vertrautheit zwischen uns. Öfter hat mir Vati mal einen Witz erzählt oder mir schon mal ein unanständiges Lied beigebracht. Aber hat er mich mal in den Arm genommen? Konnte ich mich, wenn ich Kummer hatte, bei ihm ausweinen?

Er hat mir einmal vorgerechnet, wie viel ein Kind die Eltern kostet, bis es groß ist. »Du bist eigentlich nur auf die Welt gekommen, damit wir Steuern sparen konnten.« War das mein Vater, nach dem ich mich gesehnt hatte?

Es kann sein, dass ich die glücklichen Momente unseres Zusammenlebens vergessen habe. Vielleicht tue ich ihm im Nachhinein auch bitter unrecht. Aber Wärme und das Gefühl des Geborgenseins habe ich eigentlich immer vermisst.

Weihnachten

Vorfreude auf Weihnachten kam auf, wenn Oma begann, ganze Berge der köstlichsten Plätzchen zu backen, wie Makronen, Springerle, Buttergebäck, Lebkuchen und die zarten und hauchdünnen sogenannten Aufläufer, die wahrlich köstlich schmeckten. Für diese Aufläufer musste der Teig sehr dünn auf dem Blech ausgerollt sein, dann wurde er mit flüssiger Butter bestrichen und mit Zucker überstreut. Mit einem Rädchen teilte meine Großmutter den Teig dann in Rauten. War dieser genügend dünn ausgerollt gewesen, so entstanden beim Backen auf den Plätzchen teils Luftblasen und teilweise auch leckere Butternester. Ab und zu backe ich diese Köstlichkeit noch heute. Aber es ist schon eine richtige Kalorienbombe. Das fertige Weihnachtsgebäck wurde in großen Blechdosen verwahrt, die Oma in ihr altes Buffet in ihrem Zimmer stellte – geradezu versteckelte. Mein Zimmer lag gleich nebenan und es kam sehr oft vor, dass ich mich in Omas Zimmer schlich, um Plätzchen zu stibitzen und mich dort bei den großen Dosen mit meinem Vater traf. Sicher hat sie dies bemerkt, aber niemals geschimpft.

Tage vor dem Fest war der große geteilte Vorhang mit dem dunkelbraunen Blütenmuster zwischen unserem Wohnzimmer und dem anschließenden Esszimmer zugezogen. Die Eltern hatten bewusst beide Zimmer mit diesem Vorhang geteilt. Sollte ein Schmalfilm vorgeführt werden, wurde dieser Vorhang einfach zur Seite geschoben. Der Abstand zwischen Projektor im Erker des Esszimmers und Leinwand ganz hinten im Wohnzimmer war dann ausreichend für ein großes Bild. So kurz vor dem Christfest durfte ich unter Androhung von Strafe keinen Blick hinter den Vorhang werfen. Ein klitzekleiner Blick hat mich schon gereizt.

Einmal, wirklich nur ein einziges Mal, habe ich es gewagt, mich hinter diese Stoffwand zu schleichen, um verstohlen nachzusehen, welche Geheimnisse die andere Seite der flatterigen Trennwand barg. Als mein Blick auf einen dort im Verborgenen abgestellten Puppenwagen fiel, hörte ich auch schon Schritte auf dem Flur näher kommen. Schnell huschte ich zurück. Mein Vater betrat das Wohnzimmer und fragte: »Hast du auch nicht hinter den Vorhang gesehen?«

Natürlich verneinte ich dies in der stillen Hoffnung, dass mich der noch leicht durch die Bewegung zitternde Vorhang nicht verraten würde. Vor Angst, entdeckt zu werden, habe ich mir fast in die Hosen gemacht. Ob mein Vater mir geglaubt hat, das ist eine andere Sache. Diese Erlebnisse liegen schon lange Zeit zurück. Fünf oder sechs Jahre muss ich damals gewesen sein. Ich habe lange mit Puppen gespielt.

In einem Jahr, als ich so ca. elf oder zwölf Jahre alt war, hatte Vati am Morgen des Heiligen Abends – er war immer dafür zuständig – auf zwei Tischen im Wohnzimmer die gegenseitigen Geschenke aufgebaut. Das, was Oma dem Opa schenken wollte und umgekehrt, das, was Mutti der Oma und dem Opa schenken wollte usw. Nachdem Vati alle Sachen dekorativ auf den Tischen ausgebreitet hatte, wurden alle Geschenke mit zwei großen weißen Laken abgedeckt. Es mag sein, dass es kein Geschenkpapier gab oder dieses eingespart werden sollte. Bei uns wurde niemals ein Geschenk eingepackt. Auch wenn die Wohnzimmertüre nur einen winzigen Spalt zum Hereinschauen freigegeben hätte, so sollte ein verstohlener Blick keine Details erhaschen können.

Für Vati war damit am Heiligen Abend die Arbeit getan. Die beiden Frauen, Mutti und Oma, waren noch feste dabei. Die ganze Wohnung wurde auf Hochglanz gebracht und das Essen für den nächsten Tag, den Weihnachtsfeiertag, vorbereitet. Dann wollten sie sich zur Feier des Tages noch ausgiebig waschen, Duft auflegen und in Gala werfen. Es war abzusehen, dass eine Bescherung nicht vor abends 21.00 Uhr oder gar 21.30 Uhr stattfinden konnte. So war das in jedem Jahr.

Opa hatte sich aus lauter Frust, dass er nicht in seinem bequemen Sessel im Wohnzimmer sitzen und dösen durfte, in seine Bastelstube im Keller zurückgezogen. Im Regal bei seinen Werkzeugen hatte er ein Fläschchen Kümmellikör deponiert. Niemand außer ihm genehmigte sich hieraus ein Schlückchen. Ein Etikett mit Totenkopf und dem Wort »Gift« schreckte vor fälschlichem Gebrauch ab. Für mich als Kind war das Warten wirklich eine wahre Geduldsprobe. Der Tag dehnte sich unendlich und dann hatte mein Vater glücklicherweise die Idee, mit mir zusammen nach Kesselstadt in die Friedenskirche zum Weihnachtsgottesdienst zu laufen. Dieser begann um 17.00 Uhr.

Seit Tagen fiel Schnee. Lautlos waren die weißen Flocken vom Himmel auf alles Irdische getrudelt und hatten die Straßen, die Dächer der Häuser, die winterlich kahlen Bäume und die Gärten mit einer hellen, wärmenden Vliesdecke überzogen. Sogar auf den Pfosten der Zäune hatten sich kleine weiße Zipfelmützen gebildet. Stille und ein gewisser Frieden hatten sich über unsere kleine Welt auf der Hohen Tanne ausgebreitet. Es war schon recht dunkel, als Vater und Tochter sich auf den Weg zum Gottesdienst machten. Ein Weg zu Fuß so um die drei bis vier Kilometer. Und unser Weg zog sich an diesem winterlichen Nachmittag im Dämmerlicht doch recht lange. Erst gingen wir die alte Straße durch das kleine zu dieser Zeit einsame Wäldchen bis zum Bahnhof Wilhelmsbad. Dann mussten wir die Gleise überqueren und weiter ging es an der alten Pumpstation vorbei über die Umgehungsstraße. Danach lichtete sich der Blick etwas. Rechts schauten wir über das freie Feld in Richtung Dörnigheim und dahinter Frankfurt und auf der linken Seite über die verschneiten Kleingartenanlagen. So verlief der Weg bis zur Frankfurter Landstraße. Auch über diese stapften wir hinweg und kamen dann schon auf die lange Burgallee. Diesen Namen trägt sie noch heute, und zwar führt sie vom Schloss in Kesselstadt geradewegs auf die alte Burgruine im Wilhelmsbader Park zu. Erbprinz Wilhelm ließ einst diese künstliche Burgruine im Zuge der gesamten Baumaßnahmen in Wilhelmsbad errichten, um einen Zufluchtsort zu haben. Hier konnte er alleine sein, wenn er wollte, oder sich, nachdem das Verhältnis zu seiner Ehefrau merklich abgekühlt war, mit seinen jeweiligen Mätressen, vier sollen es gewesen sein, amüsieren. Er muss sich dort sehr wohlgefühlt haben und munter und agil gewesen sein, denn er zeugte mit diesen noch neunzehn uneheliche Kinder. Im Volksmund heißt es, diese Straße, die ca. 3,5 km lang schnurgerade vom Schloss bis zur Burg verläuft, sei nur so gerade gebaut worden, damit der Erbprinz rechtzeitig die Kutsche mit seiner Gemahlin ausmachen konnte, falls diese einmal nach Wilhelmsbad fahren sollte, um ihn dort zu überraschen. Ich glaube, sie hat ihn niemals in seiner Burg aufgesucht.

Um den Schlossgarten und das hinter dem schmiedeeisernen Tor gelegene Schloss tippelten wir auch noch an diesem Weihnachtsabend in der Dämmerung, bis auf der linken Seite der Philippsruher Allee dann die Friedenskirche in Sichtweite kam – endlich. Fröhlich unterhielten sich Vater und Tochter über allerlei Belangloses. Ich hatte an diesem Abend meinen Vater erst einmal ganz für mich alleine. Die Bescherung mit dem Rest der Familie kam später.

Als wir die Kirche betraten, umfingen uns wohltuende Wärme und Geborgenheit. Während des Gottesdienstes hörten wir die altvertraute Geschichte von der Geburt des Jesuskindes und was sich bei seiner Geburt zugetragen hatte vor langer Zeit. Wir beteten gemeinsam und sangen am Ende des Gottesdienstes das alte Weihnachtslied »O du Fröhliche«. Und alle Gläubigen riefen sich zu: »Frohe Weihnachten«, und eilten schnell aus dem Licht der Kirche. Die Dunkelheit saugte sie auf. Sie strebten ihren weihnachtlich geschmückten Häusern und Stuben zu.

Still und ergriffen machten auch wir uns auf den langen Heimweg. Die Glocken der Friedenskirche läuteten die Weihnacht ein. Bis wir auf Höhe des Wilhelmsbader Bahnhofes waren, konnten wir ihr volles, wohlklingendes Geläut hören. Unsere knirschenden Schritte im Schnee und der dumpfe und warme Ton der Kirchenglocken waren die einzigen Geräusche. Es hatte aufgehört zu schneien. Die Luft war frostig und der Himmel klar vor Kälte geworden, so, als wollte er aufgehen über uns. Die Sterne erhellten unseren Weg. Es war die Weihenacht!

Noch heute wird es mir warm ums Herz, wenn ich an diesen einmaligen weihnachtlichen Kirchgang mit meinem Vater denke. Wir schwiegen beide und waren uns doch so nah.

Angekommen zu Hause mussten wir leider feststellen, dass die Damen noch immer nicht zu einer Bescherung bereit waren. Die Spannung fiel wieder von uns ab. Ich verzog mich in mein Zimmer und las noch etwas, bis es endlich so weit war.

Ein Klingelton, ein zweiter, zart silbern klang unser Glöckchen, um anzuzeigen, dass das so lange verbotene Zimmer betreten werden durfte. Als dann endlich die Türe aufging, fiel unser Blick gleich auf den kleinen Lichterbaum. Schön geschmückt hatte Vati ihn, nur mit silbernen Kugeln und Lametta. Über dem Baum von der Spitze bis zu dem abschließenden Kranz der grünen Zweige am Fuße des Baumes hatte ein Engel sein Haar ausgebreitet und herabgezogen. Das Licht der flackernden Kerzen ließ dieses filigrane Engelhaar wie frisch gesponnene Spinnennetze schimmern – wunderschön. Der Leser kann davon ausgehen, dass das Bäumchen »organisiert« worden war. Dann setzte sich mein Vater, später auch ich, an das Klavier und spielte die alten Weihnachtslieder. Der Rest der Familie sang dazu, und zwar alle Strophen jeden Liedes. Erst nach dieser musikalischen Fleißarbeit durften die Geschenke angesehen und begutachtet werden. Auf alle Fälle war für jeden von uns immer ein Buch darunter. Nur für Omama nicht, die las lieber in einer Frauenzeitschrift.

Bis ich in die Schule kam, es kann auch etwas länger gewesen sein, wurden für mich an jedem Weihnachtsfest die Puppenstube und der kleine Kaufladen von Neuem aufgestellt. Diese beiden schönen Teile waren noch von meiner Mutter her im Familienbesitz. Die kleinen Schubladen und Regale des Kaufladens waren jedes Jahr frisch gefüllt mit allerlei Näscherei. Der alte Kram war schon beim Wegräumen im vergangenen Jahr entsorgt worden. Es bestand daher überhaupt keine Gefahr mehr, dass sich bei meinen Kunden nach Genuss der erworbenen Waren Übelkeit oder Bauchgrimmen einstellen konnte. Jedes Familienmitglied fand im Weihnachtszimmer einen weihnachtlichen Pappteller gefüllt mit den duftenden Plätzchen, die Oma gebacken hatte. Abgezählt und gleichmäßig verteilt hatte sie diese unter ihren Lieben. Es sollte keiner zu kurz kommen. So konnte sich dann auch jeder seinen Teller schnappen und damit in eine gemütliche Ecke zurückziehen und anfangen, in dem neuen Buch zu lesen. Es wurden stets beschauliche, geruhsame Weihnachtsabende zu Hause. Und so lief das Jahr für Jahr bei uns ab.

Ein Weihnachtsfest fiel jedoch aus dem Rahmen und ist mir in sehr schlechter Erinnerung. Bei uns in der Familie wurde noch sehr viel gehandarbeitet und ich bestickte unzählige Decken, Deckchen und Schürzen. Zu diesem bewussten Weihnachtsfest hatte meine Mutter sich eine runde Decke für ihren Wohnzimmertisch ausgesucht, die über und über mit einem Muster bedeckt war, das es nun galt, von mir ausgestickt zu werden. Von der Mitte ausgehend setzten sich immer größer werdende Blütenkränze in den verschiedensten Braun- und Orangetönen bis zum äußeren Rand der Decke hin fort. Eine wahre Fleißarbeit. Und so sehr ich mich auch bemühte, bis zum Heiligen Abend war ich nicht fertig geworden.

Aber nun kommt's: Der Familienrat hatte beschlossen, dass ich erst mein Zimmer verlassen und an der Bescherung teilnehmen durfte, wenn diese vermaledeite Decke fertig gestickt war. Das war eine harte Entscheidung und ich saß an diesem Abend noch mindestens zwei Stunden zornig, verbissen und den Tränen nah an der Arbeit und hinterher habe ich geschmollt, wie ich heute finde zu Recht, und der Heilige Abend war nicht so heilig gewesen in dem Jahr. Diese doofe Decke, die mir so viel Ärger gemacht hat damals, ging nach dem Tod meiner Mutter in meinen Besitz über. Ich habe sie noch heute. Und obwohl ich mich dieses eine Mal geärgert habe, bleibt mir Weihnachten auf der Hohen Tanne eine traute schöne Erinnerung.

Musik liegt in der Luft

Der große Vorhang zwischen Wohnzimmer und Esszimmer wurde ganz zur Seite geschoben. Durch die räumliche Erweiterung entstand ein großer festlicher Raum. An kleinen Tischchen und auf beiden Sofas saßen unsere Gäste in kleinen Gruppen. Auf jedem Tisch verführten Salzstangen in silbernen oder hölzernen Schalen zum Knabbern. Auf dem großen runden Tisch im Wohnzimmer hatte es sich eine schwarze Keramikkatze mit langem Schwanz gemütlich gemacht. Diesen hatte sie in Erwartung der kommenden Ereignisse steil nach oben gestreckt, sodass die kleinen Salzbrezeln, die auf ihm aufgereiht waren, nicht abrutschen konnten. Zigaretten und Zigarren standen bereit, die der Hausherr, mein Vater, dann und wann seinen Gästen anbot. Wenn es gefällig war, wurde auch ein Likörchen gereicht. Meistens gab es Bowle, Erdbeer- oder Pfirsichbowle, und die hatte es ganz schön in sich. Die Bowle anzusetzen war Aufgabe meines Vaters und dieser Aufgabe kam er geflissentlich und gerne nach. Die Früchte mussten einige Zeit in Cognac ziehen. Kurz bevor die Gäste kamen, wurden Wein und Sekt aufgefüllt. Lecker und süffig schmeckte das Getränk. Schon als Kind stellte ich das fest. Es kam vor, dass ich im Laufe des Abends immer fröhlicher wurde. Oft übernahm ich auch die Aufgabe, die leeren Gläser unserer Gäste wieder zu füllen. Mit bescheidenen Mitteln war alles vorbereitet für einen dieser herrlichen Musikabende, die oft nach dem Kriege in unserem Hause stattfanden und an die ich mich sehr gut erinnere. War ein Geburtstag zu feiern oder wollten meine Eltern das neue Jahr musikalisch begrüßen, es gab immer einen Grund, einen dieser Abende zu inszenieren.

Als junger Mann hatte mein Vater im Chor eine Aida-Aufführung im Hanauer Stadttheater unterstützen dürfen. Meines Wissens war er nie in einem Chor aktiv. Es muss also der Schulchor der Oberrealschule gewesen sein. Der Klavierauszug mit Text der gesamten Oper ist noch in meinem Besitz. Durch mehrfache gemeinsame Proben und Aufführungen hatte er einen heißen Draht zu einigen Sängern. Seit dieser Zeit war der eine oder andere bei uns zu Gast. Und sie kamen gerne. Die doch recht fröhlichen Runden auf der Hohen Tanne ließen sie die nachhaltigen Eindrücke des Krieges, den Verlust des Arbeitsplatzes nach der Zerstörung des Hanauer Stadttheaters für kurze Zeit vergessen. Sicher ist mancher der Namen bei alten Hanauern noch ein Begriff und in deren Gedächtnis. Sehr oft waren Martina Linden, Jupp Spangler und einmal auch Germa Zilles bei uns zu Gast. Frau Zilles, die Soubrette des Hanauer Stadttheaters war ein kleines zartes Persönchen, das erst zur Geltung kam, wenn sie ihre Stimme erhob und anfing, ein flottes »Ich bin die Christel von der Post« zu singen.

Leider war ich während des Krieges noch zu klein für Theaterbesuche. Einmal nur war ich mit meiner Mutter in einer Nachmittagsvorstellung von »Frau Holle«. Ungefähr vierundeinhalb Jahre muss ich gewesen sein. Am 06. Januar 1945 bei einem Bombenangriff auf Hanau wurde das Stadttheater völlig zerstört. Seit seinem Ursprung ein Theater mit einem eigenen Ensemble. Ein Haus, das in der Spielzeit 1943/1944 sein 175-jähriges Jubiläum feiern konnte. Es brannte am 06. Januar 1945 mit allem Inventar vollständig aus. Nur die Außenmauern blieben wie angerußte antike Ruinen stehen, ein trostloser Anblick. Der Großangriff auf Hanau in den frühen Morgenstunden des 19. März 1945 besiegelte dann den Untergang der Stadt und des Theaters.

Und was hatten wir damals für eine Obrigkeit? Die Parole hieß: Aufräumen und Trümmer beseitigen. Die Hanauer Bevölkerung wurde von einer ungeheueren Woge der Solidarität überflutet. Wer zwei Arme mit zwei Händen hatte, ließ sich zu Aufräumarbeiten einsetzen. Auf dem Marktplatz entstand ein Gebirge aus Staub, Schutt und Abraum. Die amerikanischen Besatzungssoldaten halfen mit ihrem Großgerät. Sie halfen Mauerreste und Trümmer zu schleifen und einzureißen. Hierbei gingen auch die verbliebenen Außenmauern des Hanauer Stadttheaters unter. Und das, obwohl sich bereits im Erdgeschoss unter den Mauernischen provisorisch einige kleine Geschäfte eingerichtet hatten.

Aber war das alles nicht etwas übereilt? Wäre es nicht besser gewesen, die Fassaden vorläufig stehen zu lassen? Später, vielleicht Jahre später, hätten die zuständigen Stadtväter und ihre Fachleute in aller Ruhe darüber nachdenken und beraten können, welche Ruinen es verdienten, wieder errichtet und mit neuem Leben gefüllt zu werden. Ich denke hierbei speziell an unser altes Stadtschloss und das Theater.

Die Stadt Münster in Westfalen war ebenso stark beschädigt und zerstört wie Hanau. Umsichtige Fachleute vermieden dort diesen Raubbau. Dem Himmel sei Dank dafür. Münster ist heute eine bezaubernde Stadt. In Hanau jedoch ist nur ganz wenig von der alten Pracht erhalten bzw. wieder errichtet worden. Aber zurück zu meinen Erinnerungen.

Es kam Frohsinn und Freude auf im Hause Bury. Die Nachkriegssorgen wurden mit Musik überspielt und mit Bowle hinuntergespült. Diese immer gelungenen Abende bei uns zu Hause begannen damit, dass zuerst meine Klavierlehrerin, die Konzertpianistin Henny Hesse, solo auf dem Klavier ein oder zwei ernste Stücke zu Gehör brachte. Der Konzertbeginn war nicht einfach. Erst musste der Klavierschemel in der richtigen Höhe und dem angemessenen Abstand zum Klavier stehen, bevor sie sich überhaupt einmal setzte. Das war so eine Macke von ihr und es dauerte reichlich lange, bis sie endlich anfing. Aber dann legte sie los! Sie spielte natürlich alles ohne Noten auswendig. Theatralisch hob sie den rechten Arm, so, als wollte sie die einzelnen Töne vom Himmel reißen und dann sauste die Hand auf die Tasten und auf diesen in rasanten Läufen hin und her, bis die Pianistin ganz in sich zusammenfiel und geduckt im Bereich nur einer Oktave ihre Finger bewegte. Gab das Musikstück ein gehöriges Fortissimo vor, schlug sie mit allen ihren zehn Fingern derart gewaltig auf die Tasten, auf die schwarzen wie auf die weißen, dass der lauschende Zuhörer denken konnte, sie wolle alle ihre Wut an diesem kleinen braunen Klavier auslassen. Rechts und links an der Klavierfront waren zwei Kerzenhalter aus Messing befestigt, in denen bei solchen Anlässen die Kerzen brannten, und es kam bei ihrem furiosen Spiel vor, dass die Flammen sehr unruhig zu flackern begannen. Aber das Klavierspiel von Frau Hesse war einmalig und ich hätte stundenlang lauschen können. War sie gut aufgelegt und in Bestform, so bat sie uns, ihr ein Lied vorzugeben. Riefen wir ihr dann nur als Beispiel »Ein Männlein steht im Walde« zu, dann begann sie minutenlang über dieses vorgegebene Lied zu variieren. Einfach wundervoll, wie sie das brachte.

Es kam vor, dass an einem dieser Abende auch noch ein seit Langem mit meinen Eltern befreundetes Ehepaar zu Gast war. Der männliche Teil des Paares war ein sehr guter Geigenspieler. Ich glaube, er hatte früher in jungen Jahren einmal in einem Orchester mitgewirkt. Meine Eltern mussten ihren Besuch nicht lange bitten, seine Geige mitzubringen und mit Frau Hesse gemeinsam zu musizieren. Meistens spielten die beiden dann so richtige Sachen fürs Herz, Salonstücke und Ohrwürmer.

Zwischendurch griffen alle Gäste und Musikanten zur Stärkung zu belegten Schnittchen, die vorbereitet waren mit Kaviar- und Lachsersatz sowie Käse, Wurst oder Tatar. Feierte die Familie mit ihren Gästen an einem Silvesterabend, standen auch mal große Schüsseln mit Heringssalat und kleinen Partybrötchen auf dem Tisch. Es ging keiner hungrig nach Hause. Aber den sparsamen Zeiten angemessen gab es niemals große üppige Essen.

Gerade an solchen Silvesterabenden entwickelte meine Mutter großen Eifer, die Gäste aufs Glatteis zu führen. Allerlei Scherzartikel hatte sie für diese Fälle bereit. Es kam vor, dass sich im Salat ein langer rosafarbener Regenwurm rekelte oder einige dicke schwarze Fliegen die Häppchen verzierten. Aus einem Likörglas kam trotz eines imaginären Inhaltes beim Ansetzen zum Trinken absolut nichts raus. Die Kehle musste trocken bleiben. Das Likörglas hatte eine doppelte Glaswand, in der die Flüssigkeit lediglich hin und her schwappte. Georg hat sich an einem Brot mit Emmentaler Käse fast die Zähne ausgebissen. Der Käse war aus Gummi. Es hat sehr lange gedauert, bis er darauf gekommen ist. Und was sollte er nun machen? Er wollte in der Gesellschaft nicht auffallen und überlegte lange. Heimlich legte er den Gummikäse dann zur Seite. Der Haushalt führte auch ein Gerät, das beim Essen einen Teller auf dem Tisch zum Wackeln bringen konnte. Unter dem betreffenden Teller war ein kleines rundes Gummikissen verborgen. Unter der Tischdecke war das Kisschen durch ein schmales Luftröhrchen mit einem Miniblasebalg verbunden. Der Nachbar des Gastes, der geärgert werden sollte, hielt es zwischen seinen Knien. Wollte der Gast, dessen Teller so präpariert war, nun damit beginnen, sein Brot zu schneiden oder seinen Salat zu essen, bewegte sich urplötzlich sein Teller, hob sich ein wenig in die Höhe und wackelte hin und her. Allerlei von diesem Quatsch könnte ich noch aufzählen. Es waren wohl geheimnisvolle Geister bei uns im Hause.

Meine Eltern wollten mit Freunden gemeinsam schöne Abende mit Musik verbringen. Abende, die auch heute noch für mich unvergesslich sind. Die Ansprüche waren bescheiden. Die ersten Jahre nach dem verheerenden Krieg waren vergangen. Der Großteil der Bevölkerung hatte wieder Fuß gefasst und ging einer Tätigkeit nach. Nicht jeder konnte wieder in seinem alten Beruf arbeiten. Aber durch Ausdauer und auch Fleiß wurden Lösungen gefunden. Es bestand großer Nachholbedarf an Unterhaltung, Gemütlichkeit, Gemeinsamkeit und Harmonie. Und das, was machbar war, wurde gemacht und aufgesogen.

Der Höhepunkt der Soireen in der Eichhornstraße begann immer nach dem Essen. Dann sangen die Martina oder der Jupp Arien aus Operetten wie »Ich bin nur ein armer Wandergesell« aus dem Vetter aus Dingsda oder »Von Apfelblüten einen Kranz leg ich der Liebsten vors Fenster« aus dem Land des Lächelns. Sang Jupp Spangler das Lied aus dem Zigeunerbaron »Ja, das alles auf Ehr, das kann ich und noch mehr ...« sangen und schunkelten wir alle mit. Beim Wolgalied aus dem Zarewitsch war vom Publikum kein störendes Tönchen zu hören. Alle lauschten andächtig und ergriffen dem Gesang des Tenors.

Die Freundschaft mit Jupp Spangler ging so weit, dass er meinen Eltern für die unvergesslichen Stunden bei uns im Hause ein selbst gemaltes Aquarell einer Seenlandschaft schenkte. Er konnte meines Erachtens sehr gut malen. Meine Mutter hat dieses Bild zeitlebens aufbewahrt. Nachdem es in meinen Besitz übergegangen war, hing es viele Jahre in meinem Zimmer und sein Anblick rief mir in Gedanken immer diese Musikabende ins Gedächtnis zurück. Meine beiden Töchter haben zu diesem Bild ebenso wie zu dem Namen Jupp Spangler keine Beziehung. So habe ich das Bild auf dem Flohmarkt im Fronhof einem alten Hanauer, der den Sänger noch gekannt hat, verkauft. Ich hoffe, er hat noch viele Jahre Freude daran.

Wir Burys auf der Hohen Tanne waren eine Familie, die die Musik in jeder Form liebte. Mein Vater spielte recht leidlich Klavier. Ich erhielt bei Frau Henny Hesse einige Jahre Klavierunterricht. Leider muss ich heute bekennen, ich war bequem und faul und habe viel zu wenig geübt. Oft kam ich völlig unvorbereitet zum Unterricht. Ich bereue nur wenige Dinge in meinem Leben. Aber dass ich auf diesem Gebiet nicht emsiger war, ist ein Grund zur Reue.

An kalten verregneten Sonntagen war bei uns am Nachmittag »Großvaters Wunschkonzert«. Die Familie saß in der Stube gemütlich, die Frauen oft mit einer Hand- oder Näharbeit beschäftigt, beisammen und Opa bediente das Grammofon. Wir hatten es Familie Herold aus der Amselstraße, die nach Amerika ausgewandert war, für wenig Geld abgekauft. An dem Gerät hatte mein Großvater seine helle Freude. Alle vorhandenen Schallplatten wurden von ihm aufgelistet, nummeriert und mit kleinen Nummernschildchen versehen. Dieses Verzeichnis ging nun von Hand zu Hand. Jedes Familienmitglied hatte rundum einen Musikwunsch frei. Mein Großvater war sehr gewitzt. Er nahm den Wunsch zur Kenntnis, sammelte bei dem Wünschenden 20 Pfennige ein, sah in seiner Liste nach, zog die Schallplatte aus dem Musikschrank und legte sie auf. War diese abgespielt, so kam der Nächste dran, sich eine Musik zu wünschen.

Fernsehen gab es zu dieser Zeit noch nicht und Wowereit würde heute sagen: »Das war gut so!« Wo gibt es heute noch so gemeinschaftliche, gemütliche Familiennachmittage? Ich bin mit Musik aufgewachsen. Wen wundert es also, dass ich mein Leben lang die Musik geliebt habe. Meine verschiedensten Gemütslagen wurden und werden mit der entsprechenden Musik untermalt. Die richtigen Töne zur rechten Zeit entspannen meinen Körper und bereichern meine Seele. Meine Gedanken können auf Wanderschaft gehen.

Vorhang auf

Es ist traurig, wenn ein junges Geschöpf keine Fantasie entwickeln kann. Wohl das schönste der menschlichen Güter fehlt ihm und es kommt nicht selten vor, dass es in dieser Armut verkümmert. Ein erwachsener Mensch ohne Fantasie ist nur ein halber Mensch, ein Kind ohne Fantasie meines Erachtens ein Krüppel. Es ist schade, wenn du bei Bedarf nicht abtauchen kannst in deine Fantasien und Träumereien. Jeder von uns hat doch verborgene Wünsche und Träume, die irgendwann auch geträumt sein wollen. Natürlich gibt es Kinder, bei denen sich die Fantasie mehr entwickelt als bei anderen. Es ist wichtig, die vorhandenen Ansätze zu fördern und zu unterstützen. Ganz behutsam muss hier vorgegangen werden seitens des Elternhauses oder der Schule. Leider kann sich heute bei sehr vielen Kindern und Jugendlichen die Fantasie nicht mehr entfalten oder sie wissen oft gar nicht, was das ist. Bereits von klein an werden sie mit Spielzeug aller Art überflutet. Was hatte ich, als ich Kind war, bedingt durch die Kriegs- und die Nachkriegszeit so wenige Spielsachen. Zwei alte Puppen von Großmutter und Mutter, die jedes Jahr zu Weihnachten neu eingekleidet wurden, einen Puppenwagen oder die alte Puppenstube, die nur an Weihnachten und noch kurze Zeit danach aufgebaut war. Es genügte mir. Ich konnte mich damit fantasievoll den ganzen Tag gemeinsam mit meinen Freundinnen und Freunden beschäftigen. Heute sind sehr viele Kinder und auch Jugendliche alleine mit sich, ihren überquellenden Spielzeugkisten, dem Computer, ihrem Gameboy, Fernseher oder DVD-Player. Bei dieser Überflutung kann sich Fantasie nur schwer entwickeln. Ich hatte als Kind das unbeschreibbare Glück, eine große, ausgeprägte Fantasie zu besitzen, was sich oft im Spiele zeigte. Wollte ich mit meinen kleinen Püppchen aus der Puppenstube verreisen, so diente ein umgekehrter Fußschemel als Auto. Der Eingang zur Haustüre, das Podest, das ein wenig erhöht war und von einer kleinen Mauer umgeben, fungierte als Ozeandampfer. Es fiel mir immer wieder Neues ein. Als Einzelkind war ich geradezu gezwungen, mir Dinge einfallen zu lassen, wie ich mich auch mal alleine beschäftigen konnte. Und ich war oft alleine und bin es auch heute noch gerne. Langeweile gab und gibt es für mich nicht.

Ich denke, es war ein Tag im Frühling. Ein Tag, an dem man nach einem langen Winter so richtig aufatmen kann. Ich saß draußen auf unserer Terrasse und freute mich an den kleinen blassgrünen Blättchen der Trauerweide, an den ersten zarten Farben der Krokusse und an dem munteren Gezwitscher der Vögel. Die Natur lebte auf. Ich war glücklich und träumte vor mich hin. Und plötzlich stand mein erstes Gedicht auf dem weißen Zettel, der vor mir lag. Damals war ich elf Jahre alt. Fein säuberlich und nicht ohne Stolz trug ich mein erstes »Werk«, wie ich es nannte, in ein Heft ein, auf das ich »Meine Gedichte« schrieb, mit der festen Überzeugung, dass meinem ersten Machwerk bald noch weitere folgen würden.

Ich hatte damit nicht Unrecht gehabt. Bald entstand von stiller Freude begleitet ein zweites und drittes Gedicht.

Mein erstes Gedicht:

Frühlingsankunft
Frühling muss nun balde kommen,
Denn der Winter gehet schon.
Frühling, dich hab ich vernommen
An dem leisen Harfenton.
Machest grün die Wiesen,
Lässt die Blümlein sprießen,
Machst den Himmel blau,
Färbest jede Au,
Lässt die Vöglein singen,
Frohe Lieder klingen,
Bringest Schmetterlinge mit,
Folgest uns auf jedem Schritt,
Du hast alles wohl bedacht,
Hast die Welt so schön gemacht.

Wohl mögen meine Bekannten im Stillen gelächelt haben, wenn ich ihnen die Ergebnisse meiner Dichtkunst zeigte, die schön mit Gemälden verziert waren. Sie waren noch ziemlich unbeholfen. Aber ich merkte dies alles in meiner kindlichen Unschuld gar nicht und hielt meine Gedichte für äußerst wertvoll. Und es war gut so.

So wie damals behaupte ich noch heute, dass ich nur »dichten« kann, wenn ich in Stimmung bin, am besten bei leiser Musik. Auf Befehl ein Gedicht zu schreiben, hatte ich noch nie gekonnt. Und daher kommt es, dass man den meisten meiner Gedichte die sogenannte Stimmung, in der ich mich wohl gerade befand, anmerkt.

Im gleichen Jahr, in dem ich meine ersten Reime zu Papier brachte, kam mir ganz plötzlich die Idee, ein Theaterstück zu schreiben. Theater – Fantasiewelt für ein Kind. Später erzähle ich noch von den zahlreichen Gelegenheiten, die ich hatte, an Theateraufführungen teilzunehmen. Und jedes Mal, wenn ich mich zu Hause vorbereitete, mit dem zu erwartenden Geschehen vertraut machte, umzog und schnell noch etwas aß, legte sich mir dieses eigene Gefühl auf und ich war so ganz anders als sonst. Es kam vor, dass ich keinen Bissen herunterbrachte und meine Mutter mich kaum halten konnte, schon früher von zu Hause fortzugehen. War es dann endlich so weit, dass ich im Theater saß, dass die Beleuchtung erlosch und nur die Bühne von einer Fülle Lichtes übergos-

Reinhold und Ingrid

sen wurde, und wenn sich dann der schwere rote Samtvorhang teilte, dann verließ mich das Gefühl der Erwartung und ich wurde eingenommen von der Welt des Zaubers und Flimmers, der Welt der Mühe, Arbeit und der Sorge um das tägliche Brot. Und schon bald regte sich auch in mir, wie bei so vielen jungen Menschen, der Wunsch, im Scheinwerferlicht zu stehen und von aller Welt bewundert zu werden. Natürlicherweise hatte ich noch sehr wenig Ahnung vom Ernst der Sache. Schon oft hatte ich mit einem zwei Jahre jüngeren Jungen aus der Nachbarschaft, Reinhold hieß er, so einfach aus der Situation heraus eine kleine Handlung improvisiert, bei der es immer recht dramatisch zuging. Unbedingt musste jemand erstochen werden. Der verschnörkelte und einem Dolche nicht unähnliche Brieföffner meines Vaters diente als Mordinstrument. Wie gesagt, eines Tages wollte ich ein kleines Spiel, das mir so besonders gut gefallen hatte, aufschreiben. Den ganzen Tag gingen Reime in meinem Kopf herum und ich war zu nichts zu gebrauchen. Wie glücklich war ich, als der erste »Akt« geschrieben auf dem Papier stand. Ohne Pause arbeitete ich weiter, bis alles fertig war. Ich kann mich noch an das Gesicht meiner Mutter erinnern, als ich unter Zeichen der strengsten Verschwiegenheit einige Auszüge aus meinem Werk zum Besten gab. Es muss für sie wohl eine große Schwierigkeit bedeutet haben, nicht laut zu lachen. Nun war nur noch die Frage des Titels zu lösen, und da ja ein Darsteller erstochen wurde, nannte ich mein Werk: *»Der Goldene Dolch«*.

Die Rollen wurden verteilt. Dieses anfänglich so schwerwiegende Problem löste sich zum Schluss aber doch sehr bald und einfach auf. Wir waren ja nur zu zweit und ich hatte schon alles so eingerichtet, dass nie mehr als zwei Personen auf der Bühne zu sein hatten. Jede Woche war einmal Probe und schon dabei hatten wir einen großen Spaß an der ganzen Sache.

Am 27. Dezember 1951 war es dann so weit. Der ersehnte Tag war gekommen. Die Premiere konnte steigen. Die Eintrittskarten waren geschrieben, die Programme auf der alten, wackeligen Schreibmaschine geschrieben, die Bühne aufgebaut, die Musik und die Beleuchtung organisiert, die Schauspieler umgezogen und geschminkt und das Publikum versammelt. Der Gong ertönte, darauf ein schneidiger Marsch und dann herrschte Totenstille. Wir spielten, wir spielten, dass die Tränendrüsen der Zuschauer zu arbeiten begannen und sie herzhaft lachten. Es war ja auch zu komisch, wie ich mich dem Publikum vorstellte und treu erklärte:

> »Es ist im wahrsten Sinne des Wortes eine Komödie, denn wir wissen nicht, wieso wir den Titel des Stückes ›Der Goldene Dolch‹ nannten.«

Im vierten Akt warf ich temperamentvoll dem Sklaven den Dolch in die Brust, was eine solche Wirkung hatte, dass der vermeintliche Tote nach Beendigung des Aktes gar nicht mehr aufstand. Zum Hallodri der Zuschauer schnappte ich den verdutzten Sklaven am Bein und zog ihn von der Bühne. Oder wenn ich mich ganz der Schallplattenmusik hingab. Wenn der Sultan schmunzelnd meinem Bauchtanz zusah und dabei leise flüsterte: »Die Hose rutscht«, und ich gar nicht auf ihn hören wollte.

Das Stück nahm dann seinen geordneten Verlauf. Später machten wir Kassensturz und konnten feststellen, dass für jeden eine Mark und zwanzig Pfennige dabei herausgesprungen waren.

> »Der Charakterdarsteller stieg einer großen Karriere entgegen. Die Verfasserin machte ihrem Namen alle Ehre. Das Publikum war begeistert.«

So stand dann mit großen Buchstaben in meinem Buch. Im Jahre 1952, am 09. November, führten wir unser kleines Spiel noch einmal mit Erfolg auf. Zwölf Jahre war ich damals alt.

Im Jahre 1990 wurde ich fünfzig Jahre alt. Zwischenzeitlich hatten meine beiden erwachsenen Töchter meine alten kindischen Aufzeichnungen in einer Truhe entdeckt. Ohne mir davon etwas zu verraten, kopierten sie die einzelnen Rollen und besorgten auch Klamotten zur Kostümierung. Ich feierte meinen fünfzigsten Geburtstag mit vielen Gästen im Ritterkeller der Ronneburg. Als die Stimmung so langsam ihren Höhepunkt erreichte, erklärten mir meine Töchter, dass nun ein Theaterstück aufgeführt würde. Sie verteilten die Rollenzettel und los ging es mit meinem »Goldenen Dolch«. Was haben wir gelacht an diesem Abend und was habe ich mich über diesen wunderschönen Einfall gefreut.

Aber mit der Zeit war ein Stück zu wenig, und ich machte mich daran, neue Ideen zu sammeln. Die meisten Pläne waren nur kurz hingeworfene Gedanken, von denen ich nur eine Inhaltsangabe oder auch nur einige Zeilen aufschrieb. Einige Male versenkte ich mich auch in die Gestaltung eines Singspieles. Aber leider hat es mir hierbei, wie auch oft bei anderen Dingen, an der nötigen Ausdauer und dem Fleiß gefehlt, und es wurde nie fertig. Endlich brachte ich es trotz allen zersplitterten Gedanken doch so weit, dass eines Tages ein zweites Stück fertig war. Ich kann wohl sagen, dass dieses zweite Spiel schon einen großen Fortschritt aufwies. Die Handlung war abgeschlossen und die drei Bilder, aus denen es aufgebaut war, wiesen einige gut charakterisierte Stellen auf. »Die Maharani von Eschnapur« wurde am 01.01.1954 uraufgeführt. Der Erfolg war für unsere noch geringen Ansprüche gut.

Es sollte nicht bei diesen beiden Spielen bleiben. Ich fühlte einen Drang nach mehr; es folgten weitere Stücke.

Aber, woher nahm ich meine Ideen? Aus welchen Quellen schöpfte ich? Seltsam, daran kann ich mich nur bei den wenigsten genau erinnern. Einmal verwendete ich den Stoff eines gesehenen Filmes als Grundlage, ein anderes Mal ein Theaterstück oder ein Buch und nicht zuletzt und wohl am häufigsten meine eigenen Träume.

Und was ging in mir vor, wenn ich träumte? Hier kann man deutlich erkennen, wie das Innere eines jungen Menschen von der Außenwelt beeinflusst und umgarnt wird. Ich träumte von Künstlern, Königinnen und rauschenden Festen. Und das alles versuchte ich in die Wirklichkeit zu übertragen.

So hatte mir zum Beispiel einmal eine kleine Szene in einem Film so gut gefallen, dass ich sie zu Hause schnell etwas abgeändert aufzeichnete und mir vornahm, alles mit einem netten Spiel zu umrahmen.

Aber wie gesagt waren dies alles nur Träume und Pläne.

Schließlich war es so weit, dass mich nichts mehr befriedigen konnte. Vergebens versuchte ich, meine stillen Wünsche der

Erfüllung näher zu bringen. Nichts half mir auch nur einen Schritt weiter. Auch nicht das kleine Singspiel »Ali Baba und die vierzig Räuber«, das wir in unserem Tanzkreis aufführten und in dem ich per Zufall eine der Hauptrollen übernehmen durfte. Meine Rolle verlangte es sogar, dass ich alleine singen musste. Das alles war ja nur »ein Tropfen auf dem heißen Stein«, wie der Volksmund sagt.

Ich weiß nicht mehr genau, wann es war und wie ich dazu kam, aber eines Tages gehörte ich zu einer kleinen Laienspielgruppe des Hans-Böckler-Heimes in Hanau. Ach ja, sie hatten in unserem Tanzkreis angefragt, ob wir ihnen nicht einige Muselfrauen für ein orientalisches Spiel ausleihen könnten. Ja und wir, vier waren wir, sagten zu. Bei einer der nächsten Proben kamen wir, um uns in unsere Aufgabe einweisen zu lassen. Das sah ja ziemlich einfach aus. Wir sollten nichts weiter tun, als vor dem Sultan einen Bauchtanz zustande zu bringen. Aber wie? Keine von uns getraute sich, auch nur ein paar Tanzschritte zu machen. »Wenn, wenn ich mein Kostüm anhätte, würde ich wohl den anderen vorangehen«, höre ich mich noch sagen. »Ich könnte mich so leichter in die Atmosphäre versetzen.« Nun ja, ich zog mich um und stand dann plötzlich verschleiert unter den mich angaffenden Jungen und Mädchen. »Könnt ihr irgendetwas Orientalisches spielen? Ja, na dann los. Ihr«, wandte ich mich den Mädchen zu, »macht mir einfach alles nach.«

Und schon schritt ich im Takte der einfachen Akkordeonbegleitung und zum Erstaunen aller Anwesenden an der Spitze meiner kleinen Schar. Die kleinen Schellchen an meinen Handgelenken klangen in rhythmischem Duett mit der Musik und ich war so richtig in meinem Milieu. Jetzt wollte es aber das Glück, dass wir zu siebt waren. Wenn wir uns laut Regieanweisung zu beiden Seiten des Sultans niederließen, so blieb ja eine übrig. Hm, ich machte den Vorschlag – ich wundere mich heute noch, woher ich den Mut genommen hatte – ich könnte ja zum Schluss alleine vor dem Sultan tanzen. Und so kam es, dass ich bei der Uraufführung auf der Freilichtbühne in Grünberg vor ungefähr sechshundert Zuschauern ganz alleine tanzte. Natürlich darf man das Wort »Tanzen« hier nicht auf die Goldwaage legen. Oh weh, beinahe hätte ich mich in diesen Einzelheiten verloren. Das Ende des ganzen Traumes, denn das war alles nur Träumerei, ist sehr schnell erzählt. Mit besagter Laienspielgruppe des Hans-Böckler-Heimes studierte ich noch das Stück »Die Dame mit der roten Rose« ein, das wir dann so drei- bis viermal in verschiedenen Altersheimen zur Unterhaltung der dort wohnenden Senioren aufführten.

Einen letzten, aber schwachen Versuch machte ich noch einmal. Ich wollte eine eigene kleine Laienspielgruppe aufziehen. Wir hatten uns auch schon auf eine Aufführung konzentriert. Aber letztlich scheiterte das Ganze an mir selber. Durch die vermehrte Arbeit in der Schule brachte ich die Zeit dazu nicht mehr auf und auch mein Wunsch, eine Theaterschule zu besuchen, schlief ein.

Als ich dann ein Jahr später aus der Schule entlassen wurde und jeden Tag nach Frankfurt am Main zur Arbeit fahren musste, da wurde es mir deutlich, dass da meine schönste Kindheit vorbei war und dass jetzt auch mein »Theaterfimmel« ein Ende haben musste. Ein Kindheitstraum war zu Ende geträumt.

Jedoch ins Theater gehe ich heute noch gerne. Und auch heute legt sich mir noch das gewisse prickelnde Gefühl auf, das erst schwindet, wenn ich eingefangen bin von der Welt im Scheinwerferlicht.

> »Nicht der ist arm, der sich keinen Jugendtraum erfüllt hat, sondern der schon in der Kindheit nichts träumte.«
>
> Adolf Nowaczyniski

Freunde, Brot und Spiele

Freunde hatte ich viele auf der Hohen Tanne. Überwiegend waren es Freundinnen. Waren die Schularbeiten geschafft, konnte der »kleine Buryscheißer«, so riefen mich viele meiner Freunde, spielen gehen. Ich weiß gar nicht wo, mit wem oder mit was ich beginnen soll.

Die Straßen auf der Hohen Tanne waren noch nicht befestigt. Lediglich die Hochstädter Landstraße hatte schon eine Asphaltdecke. Die Eichhornstraße, in der ich wohnte, hatte noch keine feste Decke, nur festgefahrenen Sand. Überhaupt gab es auf der Hohen Tanne sehr viel Sand. Mit Sicherheit war hier vor Millionen von Jahren einmal Wasser gewesen. In Richtung Wachenbuchen auf der linken Seite lag eine Kiesgrube. Die Gärten und der Wald rundum hatten Sandböden. Kam es vor, dass ein Pferd oder mehrere Pferde in unserer Nähe ihr Geschäft »geäppelt« hatten, eilte meine Mutter sofort mit Eimerchen und Schaufel an den Ort des Geschehens. Oft hat sie auf der Straße Pferdemist eingesammelt und unter ihren Rosen verbuddelt. Durch diese Düngung sollte der sandige Boden gehaltvoller werden. Die Rosen bedankten sich Jahr für Jahr mit einem prächtigen Blütenflor.

Wie gesagt, die Eichhornstraße war eine Sandpiste. Der Sand war sehr durchlässig. Hatte es einmal geregnet, so war die Straße danach im Nu wieder trocken bis auf einige Pfützen. Diese bildeten sich dort, wo die Straße schon ein wenig ausgefahren war. Diese Pfützen hatten es mir und auch meinen Freundinnen, als wir noch kleiner waren und noch nicht zur Schule gingen, angetan. In ihnen blieb das Regenwasser länger stehen. Begann das Wasser langsam zu verdunsten, bildete sich auf den kleinen Kuhlen ein schön matschiger, glibberiger Schmer, der wie Butter glänzte. Hauchdünn trugen wir diesen Schmer mit einem Löffel ab und sammelten das Produkt in alten Dosen. Einfach nur so, weil es uns Spaß machte. Diese Aktionen hatten eigentlich überhaupt keinen Sinn. Denn war das wabbelige Zeugs erst einmal in der Dose, dann sah es gar nicht mehr so schön glänzend aus.

In der Eichhornstraße ganz unten wohnte Christa. Ihrem Vater war es nach Kriegsende gelungen, eine Anstellung in der Milchzentrale Hanau zu ergattern. Die Kriegserlebnisse und die Zeit im Lager hatten Herrn Klaus geprägt. Er war daher froh, wieder einer Beschäftigung nachgehen zu können. Wer arbeitet, hat nicht so viel Zeit, seinen Gedanken nachzuhängen. Frau Klaus hatte vor dem Krieg ein Milchgeschäft in Frankfurt am Main geführt. Mit dem Verkauf von Milch und Milchprodukten kannte sie sich bestens aus. Resolut nahm sie viele und endlose Wege in Kauf, um von den Besatzungsmächten die Genehmigung zu erhalten, in der zum Haus gehörigen Garage eine Milchverteilerstelle einrichten zu dürfen. Während des Krieges und auch noch eine Zeit lang danach war der kostbare Stoff Milch rationiert und wurde nur auf Bezugschein an die Bevölkerung verteilt.

Die Milch wurde früh am Morgen in großen Milchkannen aus Metall von der Molkerei angeliefert. Aus den großen Kannen wurde die Milch vorsichtig in eine kleinere Henkelkanne umgeschüttet und von dieser dann in die entsprechenden Messgefäße, je nachdem, ob den Glücklichen, die im Besitz eines Bezugscheines

Christa

waren, ein viertel oder ein halber Liter zustand. Selbstverständlich brachten alle von zu Hause ihre eigene Milchkanne mit. Hier hinein wurde das rationierte, zugeteilte und kostbare Nass gefüllt. Was kostete nach dem Krieg ein Liter Milch? Erstens natürlich einen Bezugschein für Milch und dann noch ein wenig Kleingeld. Ich meine, so um die 20 Pfennige. Das war das karge Entgelt für die Mühe von Frau Klaus. Ab und zu durfte ich gemeinsam mit meiner Freundin Christa helfen oder den Laden auch mal für eine Stunde alleine schmeißen. Es waren immer geringe Pfennigbeträge, die da über den Tisch gingen. Diese Arbeit hat mir viel Spaß gemacht. Stolz und freundlich verkauften wir Liter um Liter. Ganz vorsichtig, damit nichts verschüttet ging.

Als das Geschäft sich ausweitete, ließ Familie Klaus auf der Insel ein kleines Häuschen bauen. Im »Milchhäuschen« verkauften sie jahrelang Milch, Käse, Joghurt und andere Kleinigkeiten. Von Tag zu Tag wuchs das Angebot. Schließlich gab es all die Lebensmittel in kleinen Mengen, für die es sich nicht lohnte, extra zum Einkaufen nach Hanau zu fahren. Die Hausfrauen waren glücklich.

Frau Preiß hatte im Rohbau ihres kleinen Häuschens einen Obst- und Gemüseladen eingerichtet. Später erweiterte sie diesen und nahm noch ein kleines Lebensmittelangebot hinzu.

Im Lärchenring gab es für kurze Zeit sogar einen Fleischerladen.

In der Hochstädter Landstraße hatte Familie Schneider einen Raum der Wohnung zu einem Kurzwarenladen umfunktioniert. Die nützlichen Kleinigkeiten wie Garn, Reißverschlüsse, Knöpfe, Gummiband usw., alles, was eine tüchtige Hausfrau gebrauchte, um die Wäsche noch einmal und noch einmal auszubessern, zu flicken oder zu wenden, konnte hier erstanden werden. Das Hauptgeschäft von Familie Schneider war jedoch – nomen est omen – eine Schneiderei, eine Weißschneiderei.

Auch Herr Schreiber stand nach wie vor in seinem Gemischtwarenladen in der Amselstraße. Oft musste ich dort für meinen Großvater Zigaretten kaufen. Manches Mal machte ich den kurzen Weg nur, um eine Zigarette zu kaufen. Üppiger wurde der Einkauf, als es nach dem Krieg »BZ« gab, ein schmales gelbes Päckchen, in dem 3 oder 4 Zigaretten verpackt waren.

In unserem Garten hatte Opa zwischen den Blumen hier und dort ganz heimlich ein Tabakpflänzchen eingebuddelt. Meine Mutter staunte sehr, als sich diese kleinen Pflanzen zu stattlichen, gerade wachsenden Tabakpflanzen, einer Königskerze ähnlich, entwickelten. Waren die Pflanzen reif zur Ernte, so wurden sie abgeschnitten, die Blätter auf Schnüre aufgereiht und im Schuppen zum Trocknen aufgehängt. Opa hegte stolz seinen »Scheuerbambel«.

Frische Eier, Spargel und Gemüse kauften die Bewohner der Hohen Tanne, soweit sie nicht Selbstversorger durch ein eigenes Gärtchen waren, oft direkt auf dem Wilhelmsbader Hof. Von der Amselstraße führte ein kleiner Schleichweg durch etwas verwildertes Gestrüpp direkt auf dieses Hofgut. Vorbei am großen Silo zur Rechten und den Stallungen zur Linken rund um das Anwesen herum, so landete man direkt am Herrenhaus. Dort ging der Verkauf vonstatten. Oft hat mich meine Mutter insbesondere nach Spargel geschickt, für den die sandigen Böden ideale Bedingungen boten.

Meine Freundin Christaluise wohnte in der Hochstädter Landstraße. Wir gingen noch zur Grundschule, als Christaluises Mutter den Einfall hatte, mit uns Kindern in der Vorweihnachtszeit ein

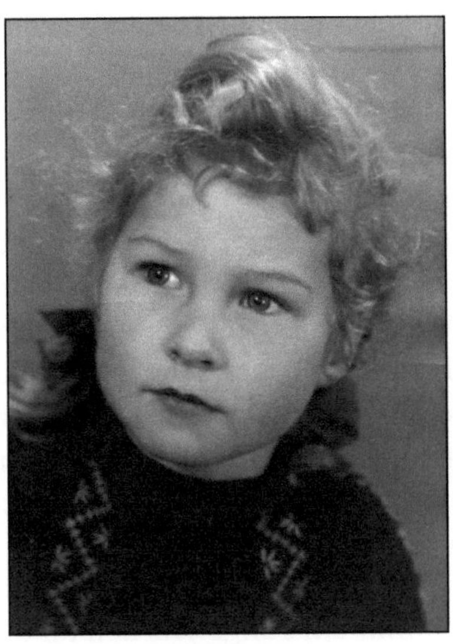

Christaluise

Krippenspiel einzustudieren. An einem Adventssonntag wurden alle Eltern und Omas eingeladen und wir Kleinen führten das Spiel von der Geburt des Jesuskindes auf. Blockflötenspiel und Gesang untermalten das Ganze. Welch eine Aufregung herrschte an diesem Nachmittag im Hause Mohn. Hatten wir brav unsere Texte aufgesagt, die Liedchen gesungen und die Flöte gespielt, war die Freude über das Gelungene groß. Ein kleines Stündchen saßen Spieler, Regisseurin und Zuschauer noch bei Kaffee, Tee und weihnachtlichem Gebäck beisammen. Die Einstimmung auf das Weihnachtsfest war gelungen.

Leider verlor ich meine Spielkameradin und Freundin Christaluise frühzeitig. Ihre Eltern verließen die Hohe Tanne. In Hailer bei Gelnhausen entstand auf einem herrlich großen Grundstück, direkt am Wald gelegen, ein neues Zuhause. Die Familie zog im Jahre 1950 nach dort um. Und getreu dem Motto »Auch in der Ferne hab ich dich gerne« schrieben wir uns fleißig Briefe und berichteten von allem neu Vorgefallenen. Über viele Jahre haben wir eine rege Korrespondenz geführt. Ab und an, meistens an Geburtstagen, besuchten wir uns gegenseitig. Im Laufe der Jahre jedoch immer weniger. Abgebrochen ist die Verbindung so allmählich nach meiner Verheiratung und der Geburt meiner ersten Tochter. Viele Jahre später gab mir Christaluise auf meinen Wunsch hin meine Briefe zurück. Fein säuberlich hatte sie alle gesammelt und für mich aufgehoben. Wenn ich heute ab und zu darin blättere und lese, dann freue ich mich sehr darüber.

Gegenüber dem Milchhäuschen am Löschwasserbecken wohnte meine Freundin Karin in einer Dachwohnung bei ihren Großeltern. Mit Karin war ich eigentlich die meiste und auch längste Zeit zusammen. Wir gingen nicht nur gemeinsam in die Grundschule nach Wachenbuchen. Auch das Realgymnasium für Mädchen besuchten wir bis zur Mittleren Reife und anschließend die Höhere Handelsschule am Schlossplatz in Hanau. Wir wurden zusammen in der Friedenskirche in Kesselstadt von Herrn Pfarrer Dr. Lind konfirmiert.

Der 11. April 1954 war auf der Hohen Tanne ein ereignisreicher Tag. Drei Mädchen und ein Junge wurden an diesem Tag in Kesselstadt konfirmiert. Da alle Eltern sparsam und praktisch dach-

Karin

ten, bestellten sie aus diesem Anlass einen Bus für alle Beteiligten. Es war ein sehr altes klappriges Vehikel, das da vorfuhr. Die vier Konfirmanden (Karin, Christa, Rolf und ich) mit Eltern, Paten, Verwandten und Freunden fuhren gemeinsam in diesem Bus zur Kirche und zurück. Das hatte was.

Beim Wilhelmsbader Kreis und beim Theaterspielen im Hans-Böckler-Heim war ich ebenfalls mit Karin zusammen. Das ging so weit, dass wir uns Jahre später am gleichen Tag, praktisch zur gleichen Stunde, vor dem Standesamt in Wachenbuchen bei Herrn Bürgermeister Happ zur Trauung mit unseren Partnern trafen. Sie kam raus aus dem Trauzimmer und ich wollte hinein. Sachen gibt es im Leben, die gibt es gar nicht. Und das ohne vorherige Absprache.

Eine Vielzahl Namen könnte ich aufzählen. Wir spielten mit Inge, Ursula, Reinhold, Christa, Christel, Siegfried und so weiter und so fort. Die Hohe Tanne war zu meiner Kinderzeit noch recht überschaubar. Alle Kinder im gleichen Alter kannten sich. Zu zweit und zu dritt konnten wir »Hickelhäuschen« und »Dicker Mann« spielen. Mit alten Blechdosen kickten wir Fußball, auch die Mädchen. Oder wir gruben in unsere Sandpiste vor dem Haus kleine Kuhlen und begeisterten uns beim Murmelschießen. Meistens hatten wir nur die gewöhnlichen Tonmurmeln in verschiedenen Farben. Ganz stolz konnte der Besitzer von bunten Glasklickern sein. Diese schönsten der Klicker gab es nicht so oft und wir versuchten, beim gemeinsamen Spiel dem Spielpartner einige von diesen Prachtstücken abzuluchsen.

Das Löschwasserbecken bei der Insel wurde nach dem Krieg nicht mehr mit Wasser gefüllt. Es war ein in Beton gegossenes großes Becken mit einer Tiefe von ungefähr 1,5 m. Die äußere Mauer war teilweise eingeböscht. Die Mauer hatte eine Dicke von ca. 40 cm. Oft spielten wir an diesem Becken. Ertrinken konnte keiner mehr von uns. Ohne Wasser ging das schlecht. Es war zu der Zeit, als meine Eltern auf der Hannovermesse weilten. Wir spielten Zirkus und ich befuhr elegant mit meinem Holzroller den oberen Rand der Mauer, immer rundum. Bis es auf einmal geschehen war. Die Artistin war abgestürzt mit ihrem Gerät und lag ziemlich benommen auf dem Grund des Bassins. Von oben gafften meine Mitspieler nach unten und ich wusste nicht, wie ich wieder nach oben kommen sollte. Eine Treppe gab es nämlich nicht. Auch war mir etwas dusselig zumute. Da, wo mein Dickkopf aufgeschlagen war, lag genau eine alte rostige Blechdose und die hatte ich geschickt getroffen. Karl-Heinz Preiß, er war etwas älter als wir, stieg hilfreich hinab, stellte einen alten leeren Kanister an die Wand, schnappte mich und hob mich auf dem Kanister stehend nach oben. Ausgerechnet der Junge hatte mir geholfen, der von unserer Mädchengruppe oft mit dem Spruch

»Priege hat die Lederhose an,
verrissen, verschissen,
kein Fetzen mehr dran«

geärgert worden war.

An meiner linken Stirnseite klaffte eine Wunde und ich blutete wie ein Schwein. Die Kameraden brachten mich nach Hause zu den Großeltern. Es war reiner Zufall, dass gerade von der Firma ein alter Holzvergaser vor dem Haus stand. In diesen wurde ich verladen und zur Praxis Dr. Curtze nach Wachenbuchen gefahren. Er klammerte meine Wunde geschickt zusammen. Mein kleines Hirn konnte nicht mehr entweichen. Nachdem meine Eltern von der Messe in Hannover zurück waren, stellten sie nur lakonisch fest: »Mit dieser Narbe im Gesicht kannst du nun keinen Prinzen mehr heiraten.«

Meine Güte – das sind Erinnerungen. Was einem so alles einfällt beim Nachdenken.

Das in den Jahren ungefähr von 1777–1780 künstlich entstandene Wilhelmsbad mit seinem englischen Park, dem Karussell auf der Anhöhe, dem Arkadenbau des Kurhauses, dem Brunnen mit der heilenden Quelle, der Burgruine, dem Schneckenberg, entstanden durch den Aushub des künstlichen Teiches, und den Badehäusern war schon immer ein Kleinod vor den Türen Hanaus gewesen. Es zog seit seiner Entstehung die Menschen aus Hanau, Frankfurt und Umgebung an. Die Namen zahlreicher Prominenter sind in den Chroniken zu finden. Die Besucher des Bades kamen im festen Glauben, das Heilwasser – die Quelle war im Jahre 1709 von zwei Kräuter suchenden Frauen entdeckt worden – könne ihre diversen Leiden bessern oder heilen. Sie badeten in demselben, ließen sich pflegen, verspielten im Kasino zur Freude des Erbprinzen so manches Geld, lustwandelten, schaukelten in kleinen Barken auf dem Teich, trafen sich am oder auf dem Karussell oder im Theater. Dieses war einige Jahre später als das Kurhaus entstanden. Kurzweilige kleine Theatervorstellungen sollten die Kurgäste unterhalten. Kurzum, diese ließen sich's gut gehen. In so mancher Familie gehörte es zum guten Ton, ab und an in Wilhelmsbad vorbeizuschauen. Hauptsache man wurde gesehen und wahrgenommen.

Und eben dort war auch meine, ich kann sagen unsere Spielwiese. Im Jahre 1947 beschlossen die Stadtväter Hanaus, den ersten Rummel, die erste Kirmes nach dem Kriege dort aufzubauen. In der Innenstadt von Hanau war solch ein Vorhaben zu dieser Zeit absolut noch nicht möglich. Welch wunderbare Abwechslung für uns alle nach den traurigen Jahren. Mein Vater begleitete mich bei meinem ersten Besuch der Messe. Ein kleines Riesenrad stand im Hof der Kleinen Wirtschaft. Das Kettenkarussell und ein altes Kinderkarussell mit Pferdchen und Kutschen drehten sich vor dem Kurhaus. Viel Freude und Heiterkeit gab es beim Kasperletheater, das im Park auf einer Wiese aufgebaut und bespielt wurde. Die kleinen Zuschauer quietschten vor Freude.

Viele Male marschierten wir in kleineren Gruppen zu unserem Wilhelmsbad. Zu dieser Zeit war der Bismarckturm noch nicht verschlossen und wir konnten im Innern über die alte eiserne Treppe nach oben gelangen und dort die Aussicht genießen.

Im Winter, als der Minihügel in Höhe von ungefähr 1,5 m, der »Lettberg« am Ende der Eichhornstraße Richtung Hochstädter Landstraße unseren Anforderungen nicht mehr genügte, wurde der Berg neben dem Karussell in Wilhelmsbad unser Schlittenberg. Hier war Treffpunkt aller Kinder aus dem Umkreis. Eine ganz besondere Fahrt gab es vom linken Hügel gleich neben der Piste. Diese Abfahrt kreuzte ein Weg. Starteten die Schlitten einzeln oder auch mal zu zweit aneinandergekoppelt oben auf dem Hügel und überquerten nach kurzer Fahrt diesen Weg, so gab es einen Schlag auf den Schlitten. Fahrer und Mitfahrer dotzten kräftig in die Höhe.

Die Holzpferdchen des Karussells hatten Unterschlupf im alten Wilhelmsbader Scheunentheater gefunden. Dicht neben dem Karussell war eine Bombe eingeschlagen. Die Pferde wurden in Sicherheit gebracht, um sie vor eventuellen weiteren Beschädigungen zu schützen. War ich mit Karin alleine, so gingen wir schon ein paarmal dorthin. Wir hatten entdeckt, dass einer der seitlichen Notausstiege nicht fest verschlossen war. Hier kletterten wir heimlich und ganz vorsichtig ein und streichelten die bunten schlafenden Tiere. Traurig und einsam standen sie in einer Ecke.

Schwimmen habe ich in Kesselstadt im Freibad unterhalb des Schlosses gelernt. Tagelang hatte mich dort Schwimmmeister Langenhagen, auch er wohnte auf der Hohen Tanne, an einer Angel über und unter Wasser gehalten. Es dauerte schon einige Zeit, bis ich das kapiert hatte. Erst als meine Mutter ganz sicher sein konnte, dass für mich keine Gefahr mehr bestand, im Main zu ertrinken, durfte ich mit meiner Freundin Karin per Fahrrad alleine ins Schwimmbad radeln. Im Sommer hielten wir uns dort stundenlang auf. Wir lagen mit anderen Freunden in der Sonne, kühlten uns zwischendurch im Wasser ab und lagen dann wieder lachend und schwatzend in der Sonne. Wir hatten viel Spaß. Aber sauber und appetitlich war der Main nun gar nicht. Die Brühe war immer leicht braun und es schwamm allerlei Unrat in den Fluten. Fuhr ein Lastkahn flussaufwärts oder –abwärts, sprangen wir gleich ins Wasser, um in den folgenden Wellen sanft mitzuschaukeln. Ab und an schwammen wir auch schon einmal über den Main ans andere Ufer. Natürlich war das verboten. Wir warteten, bis der Bademeister nicht hinsah.

Diese Jahre waren eine schöne Zeit. Es gab noch kein Fernsehen und keine Computer. Wir wurden vom Elternhaus und von der Schule angehalten, Zeitungen zu lesen. Bücher gab es in meinem Elternhaus für meine heutigen Verhältnisse nicht allzu viele. Aber im Laufe der Jahre habe ich die meisten von ihnen auch gelesen. »El Hakim«, »Ungarische Rhapsodie« und das ganz dicke Buch »Deutscher Humor« mit den Geschichten von Reineke Fuchs, Münchhausen, Eulenspiegel und den Streichen der Sieben Schwaben haben mich immer wieder aufs Neue erfreut. Mein Vater hat ein wenig aufgepasst, dass ich zur rechten Zeit auch die richtigen Bücher aus dem Regal genommen habe. Zum großen Gesundheitsbuch, in dem es Abbildungen vom menschlichen Körper in allen Einzelheiten gab, musste ich heimlich greifen. »Das verstehst du noch nicht«, hieß es. Aber waren die Eltern einmal nicht zu Hause, verstand ich es geschickt, meine Bildungslücken auf diesem Gebiet zu schließen. Aufklärungsgespräche waren weder im Elternhaus noch in der Schule üblich.

Sehr viel Abwechslung hatten wir damals nicht auf der Hohen Tanne. Ein Ziel, das wir mit dem Fahrrad nicht erreichen konnten, war für uns quasi erledigt. Ab und zu fuhr ich mit Karin nach Hanau ins Kino. In den viel diskutierten Film »Die Sünderin« mit Hildegard Knef durften wir nicht. Die Filmzensur war sehr streng und hatte hier zugeschlagen. Eine nackte Knef hingelümmelt im Liegestuhl, das ging absolut zu weit. Wie aufgerüttelt und verdorben das war. Das konnte und wollte man den jungen Menschen nicht zumuten. Sie hätten Schaden nehmen können. Mit meinen Eltern wollte ich eines Tages den Film »Die Fledermaus« besuchen. Ein herrlich lockerer Operettenfilm mit viel Musik. Aber auch da machte die Kartenverkäuferin recht viel Ärger. Meine Mutter und sie diskutierten eine ganze Weile, ob ich nun den Film sehen durfte oder nicht. Es war unglaublich. Bei einer der zahlreichen mitwirkenden Tänzerinnen war im Walzerschwung ein wenig das Oberteil verrutscht und gab ihren Busen frei. Potz Blitz – das durfte nicht sein! Jugendverbot, nicht hinsehen, nicht verderben lassen. Nacktheit war verpönt. Welch Unterschied zu heute. Heute sehen wir manches Mal ein wenig zu viel. Fleißig haben wir Kinoprogramme gekauft und gesammelt. Für zwanzig Pfennige konnten wir die Blättchen erstehen. Das war bei unserem knappen Taschengeld gerade noch drin. Manchen Filmstar haben wir heimlich verehrt und von ihm geträumt. Die Programmhefte gingen irgendwann bei einer Großräumaktion über die Wupper. Schade, denn heute sind sie wertvolle Sammlerobjekte.

Wir waren schätzungsweise vierzehn Jahre jung, als wir vom Wilhelmsbader Sing- und Tanzkreis hörten.

Heute hier, morgen da

Wie sollte es nun mit mir weitergehen? Nach vier, für mich dreieinhalb Jahren Grundschule sprach sich mein Klassenlehrer dafür aus, ich solle eine höhere Schule besuchen. Für die Hauptschule seien meine Leistungen schlichtweg zu gut. Aber das war nicht so einfach. Es gab damals in Hanau nicht viele Möglichkeiten, eine weiterführende Schule zu besuchen. Zum einen gab es die Eberhard-Schule, eine Mittelschule, und zum anderen das Realgymnasium für Mädchen. Die heutige Otto-Hahn-Schule existierte noch nicht und die altehrwürdige Hohe Landesschule war eine reine Schule für Knaben. Zum Heiraten war es für mich noch zu früh. Erst musste noch ein wenig für meine Bildung getan werden. Mein Gehirn war noch jung, unverbraucht, frisch und aufnahmebereit. Auch mein Absturz beim »Zirkus Löschwasserbecken« hatte ihm nicht allzu viel geschadet. Mein Kopf war nur äußerlich ein wenig lädiert. Also, Muttern meldete mich für die Aufnahmeprüfung beim Realgymnasium für Mädchen an.

Diese Höhere Mädchenschule der Stadt Hanau existierte ursprünglich seit dem 20. November 1840 mit vier Klassen. Der Unterricht begann im Haus Französische Allee 3. Zu der Zeit wurde noch Schulgeld erhoben und nicht alle Eltern konnten sich den Luxus erlauben, ihre Tochter auf diese elitäre Schule zu schicken. Aus der Mädchenschule mit Schulgeld wurde im Volksmund die »Höhere Töchterschule«. Trotzdem war die Nachfrage groß und die Schule wuchs schnell. Bereits im Jahre 1841 wurde eine fünfte Klasse eingerichtet und bald hatte die Schule insgesamt acht Klassen. Nach etlichen Zwischenstationen zog die Schule 1851 in die städtischen Gebäude an der Steinheimer Straße 37–39 ein, wo sie auch bis zum Jahre 1945 blieb. Durch den Luftangriff vom 6. Januar 1945 wurde das Schulgebäude unbenutzbar. Am 19. März 1945 wurde es mit der Hanauer Innenstadt bis auf die Grundmauern zerstört.

Es war ein heißer Tag im Mai 2008, an dem ich mich auf den Weg zur heutigen Karl-Rehbein-Schule am Hanauer Schlossgarten machte. Die Sonne hatte schon so viel Kraft, dass ich auf die andere Straßenseite wechselte, um dort im Schatten gehen zu können. Ich hatte mir vorgenommen, dort im Sekretariat meine Erinnerungen zur Geschichte meiner alten Schule etwas aufzufrischen und ein wenig ihre Anfänge zu erforschen. Gerade an diesem Tag waren nur wenige große Schüler in den Gängen und im Treppenhaus, die mir freundlich den Weg wiesen. Ich hatte einen Tag erwischt, an dem die Primaner in einigen Klassen über ihren schriftlichen Abiturarbeiten schwitzten. Die Damen im Sekretariat waren mir sehr behilflich.

Die Karl-Rehbein-Schule ist die Nachfolgerin des Mädchengymnasiums, das ich als Schülerin besuchte. Mit dem Neubau war im Jahre 1956 begonnen worden und am 23.12.1957 begann der Umzug in eben diese neue Schule am Schlossgarten. Leider habe ich das nicht mehr erlebt. 1956 ging ich mit der Mittleren Reife von der Schule ab.

Freundlich bedankte ich mich für die Ergänzung meiner Erinnerungen, steckte einen kleinen Schein in die Kaffeekasse und verließ wieder die Schule. Meine Schritte hallten ein wenig im leeren Treppenhaus. Aus einem Klassenraum hörte ich Klavierspiel. Aus einem anderen Klassenzimmer ertönte gedämpftes Lachen. Blitzartig gingen mir diese Gedanken durch den Kopf: Was haben diese fröhlichen Kinder noch alles vor sich im Leben? Wie schnell sind meine Lebensjahre vergangen. Wo ist die Zeit geblieben? Ach könnte ich mit der heutigen Einstellung zu manchen Dingen noch einmal in die Schule gehen und lernen. Und wie würde ich mich wohl auf meinen Hosenboden setzen und versuchen, alles, was mir angeboten würde, aufzunehmen und zu speichern. Es war eine schöne Zeit auf dieser Schule!

Und wie hatte diese Zeit begonnen? Meine Mutter hatte mich also zur Aufnahmeprüfung angemeldet. Diese Prüfung sollte fünf Tage dauern. Aber das Unglück wollte es, dass ich von diesen fünf Tagen drei Tage krank war. Nach meiner Genesung schwangen Mutti und ich uns auf die Fahrräder und radelten nach Kesselstadt in die Burgallee. Dort wohnte Frau Studienrätin Martha Burchard, die seit 1912 an der Schule unterrichtete und ab 1945 mit der Verwaltung der Schulgeschäfte beauftragt war. Nach der Genehmigung der Wiedereröffnung der Schule durch die Militärregierung und den Regierungspräsidenten in Wiesbaden am 14. November 1945 eröffnete Frau Burchard in ihrer Wohnung, Burgallee 7 im November 1945 zwei Kurse für Abiturientinnen.

Wir legten ihr mein gutes Zeugnis der Grundschule vor, und es war nicht schwer, sie davon zu überzeugen, dass auch ich mit einer nur zweitägigen Prüfung in diese Schule wechseln durfte. Am 3. April 1950 kam der erlösende Bescheid von Frau Oberstudiendirektorin Burchard, dass ich in das Städtische Realgymnasium für Mädchen aufgenommen werde.

Aber wo fand der Unterricht statt? Im Krieg war das Schulgebäude zerstört worden. Es war noch kein neues Gebäude errichtet. Die Schüler wurden auf verschiedene Räumlichkeiten in ganz Hanau aufgeteilt und die Lehrer mussten zwischen diesen Unterrichtsstätten hin- und herpendeln. Es wurde unterrichtet in der Wohnung von Frau Burchard, im Kurhaus Wilhelmsbad, im Gemeindehaus in der Nussallee, im alten Pfarrhaus und im Falkenheim in Kesselstadt sowie in der Eberhard-Schule und in den Baracken, die im Pedro-Jung-Park standen. Und eben dort begann für mich meine Schulzeit im Gymnasium.

Alle meine Freundinnen von der Hohen Tanne, die mit mir die Schule in Wachenbuchen besucht hatten, waren auch jetzt mit aufs Gymnasium gewechselt. Praktisch im Konvoi fuhren wir Tag für Tag bei jedem Wetter mit dem Fahrrad von der Hohen Tanne via Hanau. Die Räumlichkeiten waren begrenzt in den Baracken und ich erinnere mich, dass wir oft, insbesondere im Sommer, umschichtig Unterricht hatten. In Ermangelung einer Turnhalle, eine solche wäre so kurz nach dem Krieg ein unvorstellbarer Luxus gewesen, turnten wir Mädchen mit unserer Sportlehrerin Frau Schmitz-Schlagloth auf einem Grundstück ganz in der Nähe. Dort hatte vor dem Angriff auf Hanau ein sehr herrschaftliches und dementsprechend großes Haus gestanden. Von diesem Haus war nach der Beseitigung aller Trümmer und Schuttberge nur die Kellersohle übrig geblieben. Und eben diese diente uns als »Freiluftturnhalle«. Auch Völkerball war eine beliebte Variante, um uns träge Mädchen auf Trapp und in Wallung zu bringen.

Schwimmunterricht konnte in der Badeanstalt Weiß unterhalb der Steinheimer Brücke abgehalten werden. Am 16. August 1950 verließ ich die Badeanstalt erhobenen Hauptes, die nassen Klamotten im Beutel und das trockene Freischwimmerzeugnis stolz in der Hand.

Körperertüchtigung musste sein. Einmal jährlich fanden im Stadion die Hanauer Jugendwettkämpfe aller Hanauer Schulen statt. Bevor die Wettkämpfe in den einzelnen Disziplinen begannen, war früh am Morgen ein akkurates, fröhliches Massenturnen angesagt. Hunderte von Schülern gehorchten der Kommandostimme von Herrn Sütter, dem Vorsitzenden des Kreisjugendausschusses Hanau. Er begrüßte alle mit einem kräftigen »Guten Morrrrgen«. Es war bei den Wettkämpfen am 19., 20. und 21. Mai 1950, dass ich im 3-Kampf des Jahrganges 1939/40 unter 284 Teilnehmern mit 51 Punkten den 31. Sieg errang. Wau – einfach nicht zu fassen.

Meine Freundinnen und ich waren auf einer Mädchenschule und für diese war das Fach Handarbeiten noch ein wichtiger Bestandteil des Stundenplanes. Unter der Leitung unserer Handarbeitslehrerin entstanden kleine Schürzen mit Hohlsaum, Turnbeutel oder ein Trachtenrock in Gemindner Linnen mit breiter Stickerei. Mein Exemplar ist bis heute nicht fertiggestellt. Beim Stricken unserer ersten Strümpfe glühten die Nadeln. Aber da hat der Unterricht gefruchtet.

Strümpfe stricke ich auch heute noch ab und zu. Bei meiner großen Familie mit acht Enkelkindern habe ich viele Abnehmer für handgestrickte Socken.

War uns der Wettergott hold, verlegten wir den Unterricht in den Park. Wir zogen mit unseren Stühlen und Handarbeitskörbchen nach draußen. Ich erinnere mich auch daran, dass wir manches Mal am Main an der Schwimmanstalt Weiß entlang bis zum Ruderhaus Hassia wanderten, um dann dort an unseren gerade in der Mache befindlichen Arbeiten zu wurschteln.

Nach einiger Zeit wechselten unsere Klassen für ungefähr zwei Jahre in die Eberhard-Schule. Danach wurden uns Unterrichtsräume in der Bezirksschule I zugewiesen. Die Bezirksschule I ist die heutige Pestalozzi-Schule an der Johanniskirche. Hier hat es uns gefallen. Es waren schöne neue Räume. An alles war gedacht worden. Es gab ein Musikzimmer, in dem uns unsere Musiklehrerin den rechten Takt beibrachte. Der Höhepunkt ihres Unterrichtes war die Aufführung der »Wunderuhr« in der Stadthalle.

Es gab ein Chemielabor und einen Physikraum. Ein liebenswerter Hausmeister kümmerte sich um alle alltäglichen kleinen Nöte von uns Mädchen. In den Pausen verkaufte er Milch und Kakao zur Stärkung. Die Fahrräder, die im Hof hochkantig in den Fahrradunterstand geschoben wurden, waren für zwanzig Pfennige in der Woche von einer älteren Frau bewacht.

Aber es gab zu wenige Klassenräume und einige Klassen traf es hart. Leider besuchte auch ich eine solche. Wir waren dazu bestimmt worden, am Nachmittag zum Unterricht zu kommen. Das war ein dickes Ei. Morgens gleich nach dem Aufstehen an die Schulaufgaben gehen, dann zu Hause Mittag essen und danach, wenn die anderen zu Hause waren und eventuell schon spielten, mussten wir in die Schule radeln. Dies auch im Sommer, wenn es sehr heiß war. Hitzefrei gab es nicht, auch wenn wir über unseren Arbeiten Blut und Wasser schwitzten. Und dieser Zustand dauerte mindestens zwei Schulhalbjahre!

Heute gehe ich davon aus, dass mir dieser Umstand damals den Rest gegeben hat. Meine Lust, diese Schule zu besuchen, war auf dem Nullpunkt angelangt und darunter litten auch meine Leistungen.

Schüler und Lehrer sind heute anspruchsvoll in Bezug auf Ausflüge und Klassenfahrten. Außer einer Skifreizeit müssen zumindest noch Städte wie Rom, Florenz, Paris oder gar New York besucht werden. Bei unseren Klassenfahrten und Ausflügen kam immer viel Freude auf. Wir mussten jedoch mit dem vorliebnehmen, was uns von der Schule in der Nachkriegszeit geboten werden konnte. Im Gedächtnis geblieben ist mir eine Fußwanderung in den Steinheimer Wald. Eine mehrtägige Fahrt führte uns nach Niedernhausen im Taunus und eine nach Lindenfels im Odenwald. Diese Klassenfahrt fand im Monat Mai statt und ich feierte mit meinen Mitschülerinnen und den zwei uns begleitenden Lehrern dort meinen elften Geburtstag. Meine Eltern hatten der Klassenlehrerin vor Reisebeginn etwas Geld übergeben, wovon dann für alle Geburtstagskuchen gekauft wurde. Die Herbergseltern der schnuckeligen Jugendherberge dort hatten lieb den

Geburtstagstisch für alle gedeckt. Ich bekam sogar einen Blumenstrauß von meinen Mitschülern. Ansonsten war auf diesen Fahrten Laufen, Wandern und Laufen unter Absingen fröhlicher Fahrtenlieder angesagt. Zu besichtigen gab es weder im Taunus noch im Odenwald allzu viel.

Deutschunterricht bei unserer Klassenlehrerin, ja das war ein schönes Fach. Auch zu akzeptieren war noch Erdkunde. Ertragbar auch noch Mathe oder Geometrie. Englisch fiel mir nicht schwer. Hier brachte ich Vorkenntnisse von unserer amerikanischen Nachbarschaft mit. In Geschichte habe ich überhaupt nichts gelernt und kenne bis heute die Zusammenhänge nur sehr vage. So weiß ich zum Beispiel, dass Karl der Große im Jahre 800 gekrönt wurde und dass der Dreißigjährige Krieg exakt dreißig Jahre gedauert hat. Zu Beginn jeder Geschichtsstunde stellte unser Lehrer die Gewissensfrage: »Wo waren wir stehen geblieben?« Und genau dort machten wir weiter bzw. wiederholten immer wieder die gleiche Soße. Physik war interessant, aber meines Erachtens ein reines Fach für männliche Schüler, an denen es hundertprozentig mangelte. Der Chemieunterricht hat mich nur insoweit interessiert, als ich nach jeder Stunde die Reagenzgläser reinigen durfte.

Ein liebenswerter Mensch war unser Biologielehrer. In beinahe jeder Schulstunde gingen wir gemeinsam in den nahe gelegenen Schlosspark und bestimmten die einheimischen und exotischen Bäume, die ursprünglich nicht in Deutschland beheimatet waren. Nebenbei lernten wir die verschiedenen Vogelarten kennen. Oft versuchte unser Lehrer sehr gekonnt ihr lustiges Gezwitscher nachzuahmen.

Jetzt aber kommt der dickste Hund – Französisch. Für drei lange Schuljahre hatte ich dieses Fach zu bewältigen. Dass ich mit meiner Familie von den Hugenotten abstamme, hat mir in diesem Härtefall leider überhaupt nichts geholfen. Bereits nach kurzer Zeit hatten zwei Drittel der Klasse, ich schätze so fünfzehn bis zwanzig Schülerinnen, Nachhilfe bei meinem alten Lehrer auf der Hohen Tanne. Und welche Mühe hat er sich mit uns allen gegeben. Große handgeschriebene Bögen mit der ganzen schweren verfluchten Grammatik hat er für uns vorbereitet. Leider hat auch diese Eintrichtermethode nicht bei allen Schülerinnen etwas genutzt. Hatten wir uns für die nächste Französischstunde speziell mit unregelmäßigen Verben beschäftigt, so half uns das gerade an diesem Tag recht wenig. Fremde Texte sollten übersetzt werden, aber bitte plötzlich und im Takt. Diesen Takt gab unser Lehrer mittels seines schweren Schlüsselbundes durch rhythmisches Schlagen auf sein Pult vor. Noch Jahre danach hat mich dieser Unterricht im Traum verfolgt. Meine Noten sahen dementsprechend auch recht schreckhaft aus.

Ein Jahr, bevor ich das Gymnasium frustriert verließ, musste ich mich noch mit Latein abquälen. »Ora et labora« – bete und arbeite. Und wie ich vor jeder Arbeit und insbesondere bei Rückgabe derselben gebetet habe.

Glücklicherweise saß ich in der Schulbank neben Helga, einer Cousine meines heutigen Mannes. Helga wollte Goldschmiedin werden. Ihre allerersten praktischen Versuche auf diesem Gebiet machte sie im Lateinunterricht. Ich half ihr dabei wie selbstverständlich. Jede von uns hatte einen Ring mit einem Onyx, auf dem eine kleine helle Perle saß. Ihr müsst wissen, dass ein Onyx ein pechschwarzer Halbedelstein ist, auf dem Ring sozusagen eine kleine schwarze Platte. Und dieser Stein kann die verschiedensten Formen haben, so wie er geschliffen wurde. Zum einen kann er rund, oft oval oder auch schon mal eckig sein. Auf alle Fälle war es unser gemeinsames Bestreben, für diese Steine immer neue Formen zu finden. Wir druckten mittels eines Radiergummis »schwarze Platten«. In den Radiergummi wurde die von uns gewünschte Form eingeritzt, dann der Inhalt dieser Form mittels eines spitzen Instrumentes, beispielsweise eines Zirkels, ausgehoben. Die hierdurch entstandene Höhlung füllten wir mit Tinte auf. Ähnlich wie beim Kartoffeldruck gelangen uns durch schnelles und geschicktes Umstülpen auf ein Löschblatt die prächtigsten Entwürfe. Hatten wir beide nach solch einer schöpferischen Unterrichtsstunde nicht so ganz und richtig verstanden, was der Lehrer eigentlich von uns wollte, hatte Helga auch eine Lösung parat. Sie ließ unsere Hausaufgaben von ihrem um fünf Jahre älteren Vetter Klaus in Hüttengesäß erledigen. Für mich war damit alles ganz einfach. Ich schrieb die gelösten Aufgaben nur noch fein säuberlich in ihrem Schulheft ab ... und verließ nach Beendigung dieses

Schuljahres das Realgymnasium für Mädchen mit der Mittleren Reife.

Heute bereue ich sehr, dass ich mich damals nicht bis zum Abitur gequält habe.

Sozusagen als Fußnote wäre hier noch anzumerken, dass ich durch Helga auf dem Faschingsfest, dem »ReGyfüM«, bei dem in der Stadthalle Hanau der Punk abging, bereits im Jahr 1956 am 11. Februar meinen späteren und auch noch heutigen Mann kennengelernt habe. Ich war demnach ein »Frühchen«.

Wilhelmsbader Kreis

Wieder einmal ausgeflogen,
wieder einmal heimgekehrt,
fand ich doch die alten Freunde
und die Herzen unversehrt.

Wird uns wieder wohl vereinen
frischer Ost und frischer West?
Auch die losesten der Vögel
tragen allgemach zu Nest.

Immer schwerer wird das Päckchen,
kaum noch trägt es sich allein,
und in immer eng're Fesseln
schlinget uns die Heimat ein.

Und an seines Hauses Schwelle
wird ein jeder fest gebannt,
aber Liebesfäden spinnen
heimlich sich von Land zu Land.

Theodor Storm

Dieses alte Lied »An die Freunde« von Gerhard Schwarz war mein Lieblingslied. Einmal in der Woche trafen wir uns im Hause Schmorell in der Hochstädter Landstraße zum Singen.

Pauli Schmorell, eine Musikpädagogin der Hanauer Eberhard-Schule, hatte ein offenes Haus für die musizierende Jugend. Es fällt mir schwer, über diese schöne Zeit zu schreiben. Ich weiß nicht mehr genau, wie lange ich diesem Sing- und Tanzkreis angehörte. Meine Freundin Karin und ich haben relativ spät von dieser Gemeinschaft gehört. Ich denke, dass wir so im Alter von vierzehn bis sechzehn Jahren dabei waren. An manchen Tagen trafen wir uns wie gesagt im Wohnhaus von Frau Schmorell, und zwar im Musikzimmer, und sangen gemeinsam viele schöne Lieder. Wie der Name sagt, es wurde auch musiziert in diesem Zimmer. Frau Schmorell war insbesondere der Musik von Carl Orff sehr zugetan.

An anderen Tagen übten wir uns gemeinsam im Volkstanz. Dazu fuhren wir von der Hohen Tanne in die Hochstädter Landstraße. Auf der rechten Seite kurz vor der Umgehungsstraße stand hinter dem damaligen Anwesen Roth ein kleines Häuschen. Hierin hatte Herr Schmorell seine Wäscherei. Später hat für kurze Zeit Rudolf Hagelstange dort eine Bleibe gefunden. Über einen Trampelpfad konnten wir es erreichen. Und dort traf sich die fröhlich tanzende Jugend. Männlein und Weiblein bewegten sich zur Akkordeonbegleitung nach Anleitung im Kreis. Mal ertönte ein fröhlicher Reigen, dann wieder ein Ländler oder wir stoben zur feurigen Polka quer durch den Raum. Von der Hohen Tanne, vom Beethovenplatz und sogar aus Kesselstadt radelten Jungen und Mädchen zu diesen fröhlichen Treffen.

Und bei einem dieser Treffen traf es mich wie ein Blitz. Zum ersten Mal in meinem jungen Leben schwärmte ich für einen Jungen. Als ich ein Foto von ihm ergattert hatte und dieses zu Hause auf meinem Nachttisch aufstellen konnte, war ich rundum glücklich. Von dieser frühen »Liebe« weiß der Glückliche oder Unglückliche bis heute nichts. Ich habe ihm niemals meine Liebe gestanden, sondern ihn nur aus der Ferne angehimmelt. Er hatte eine andere zur Freundin.

In einem Sommer übte die junge Schar im Garten von Pauli Schmorell das Singspiel »Ali Baba und die vierzig Räuber« ein, ein fröhliches Spiel mit vielen Liedern. Die weibliche Hauptrolle hatte Christel von der Hohen Tanne übernommen. Eine der Aufführungen fand bei strahlendem Sommerwetter, Kaffee und Kuchen und viel Fröhlichkeit im Garten neben Frau Schmorells Haus statt. Die zweite Aufführung ein wenig später im großen Saal des Wilhelmsbader Kurhauses.

Zu ihrem Leidwesen und zu meiner Freude wurde Christel vor dieser zweiten Aufführung krank. Als Zweitbesetzung hatte ich die ganze Rolle – auch mit den dazugehörigen Liedeinlagen – studiert und durfte nun als »Morgiane« einspringen. Viele Familienangehörige und Freunde des Wilhelmsbader Kreises waren zur Aufführung gekommen und es wurde eine ganz tolle Sache.

Alte Hanauer können sich sicher noch daran erinnern, dass die Sitzeinteilung der Stadthalle im Parkett früher eine andere war als heute. Betrat man den Theatersaal durch die mittlere Tür hinten, so ging durch die Mitte des Saales ein breiter Gang gerade auf die Bühne zu. Die Besucherstühle waren rechts und links dieses Ganges angeordnet. Ob das Theaterpublikum zu meiner Jugendzeit dümmer war als heute, bezweifele ich. Es konnte oder wollte aber nicht ohne Platzanweiser seine Theaterplätze in der Stadthalle einnehmen. Die zuständige Obrigkeit suchte beim Sing- und Tanzkreis von Frau Schmorell um Hilfe nach. Und so kam es, dass bei allen, wirklich bei allen Vorstellungen zwei, drei oder vier von uns als Platzanweiser in der Stadthalle fungierten. Die Besucher zeigten uns ihre Eintrittskarten und wir führten sie auf die richtigen Plätze. Das Feine war, wir durften diesen Vorstellungen kostenlos beiwohnen. Wurde es im Zuschauerraum langsam dunkel, bevor die Aufführung begann, huschten wir auf die frei gebliebenen Plätze. War die Vorstellung ausverkauft, dann mussten wir hinten an der Wand stehen und konnten so erleben, was auf der Bühne abging. »La Bohème« nach einem Wandertag der Schule in den Steinheimer Wald hinten an der Wand, an der ich vor Entkräftung und Ermattung langsam nach unten sank, zu erleben – einfach grandios! Querbeet kamen wir in den schönsten Theatergenuss. Ernst Deutsch mit »Nathan der Weise«, »Feuerwerk« mit Lilli Palmer – ihr durfte ich nach der Vorstellung einen großen Blumenstrauß überreichen – und Oper, Oper, Oper. Kein Wunder also, dass ich zu einem richtigen Opernfan geworden bin.

Der Höhepunkt dieser für mich sehr schönen Zeit im Wilhelmsbader Kreis war eine Gruppenreise nach Frankreich. Noch heute bin ich meinen Eltern dankbar, dass sie mir diese Reise ermöglicht haben. Es ging los in den Herbstferien des Jahres 1955. Während der Fahrt notierte ich meine Eindrücke auf einem Stenogrammblock, den ich eigens dafür mitgenommen hatte. Im August 1957 begann ich, diese Aufzeichnungen zu einem kleinen Bericht auszuarbeiten und aufzuschreiben:

»O bella, bella donna«, im Halbschlaf hörte ich leise das Radio spielen. Mir war alles so ungewohnt und fremd. Ich war vorher noch nie längere Strecken in einem Autobus gefahren, geschweige denn, dass ich dabei versucht hätte, zu schlafen. Langsam glitt mein Kopf an der Schulter meines Nachbarn ab. Mich fröstelte und ich wickelte mich enger in meine Decke ein.

»O bella, bella donna«, das Radio sang immer noch dasselbe Lied. Und immer noch fuhren wir, besser, wir jagten durch die Nacht. Mit unbeirrbarer Sicherheit führte der ermüdete Fahrer das Steuer. Acht Stunden waren wir nun schon unterwegs. Bei Kehl hatten wir die Grenze passiert und waren wenig später durch das nächtliche Straßburg gekommen. Leider sahen wir von dem berühmten Münster nur einen gewaltigen dunklen Bau, auf den das fahle Licht der Nacht fiel.

Dann führte uns unser Weg durch die alte Festung Belfort, bei Tag ein reizendes Städtchen mit alten Bauwerken und fünfzehn Meter hohen Festungen, aber bei Nacht auch nur ein Dunkel. Es folgte Besançon, eine Stadt mit spanischem Einschlag. Wir fuhren durch die Straßen, ohne uns umzusehen. Jetzt folgten wir unserer Straße schon lange Zeit durch die Vogesen, bergauf, bergab. Auf der linken Seite die hohen Hänge – Wächter unserer Straße – auf der anderen Seite und vor uns Nebel, nichts als Nebel. Die wenigsten von uns waren fest eingeschlafen. Hier und da wurde leise getuschelt. Unser Fahrer, Herr Rüger, bekam heißen Kaffee aus der Thermosflasche.

Es war gegen halb vier in der Nacht, als unser Autobus anhielt. Es ging nicht mehr. Unser Fahrer musste erst eine Stunde schlafen, die Fahrt war sonst zu anstrengend für ihn. Wir anderen zogen unsere Mäntel über und stiegen aus. Auf einsamer Straße hoch in den Vogesen bei Nacht, das war schon ein Erlebnis für den, der es in diesem Augenblick verstand, zu erleben, denn auch das will gekonnt sein. Erfasse ganz den Augenblick und schwelge in dem dir Dargebotenen. Versuche dich mit deiner ganzen Seele in das Geschehen hineinzuleben. Fühle die strömende Kraft und mache sie dir eigen. Du kannst erleben, wenn du den Mächten des eigenen Willens trotzt und dich denen, die entgegenfließen, auftust. Du kannst länger von deinen Erlebnissen und Erinnerungen zehren, wenn du erlebt hast.

Langsam gingen wir die dunkele Straße entlang und streckten erst einmal richtig unsere müden Glieder. Der Wind wehte hier oben ganz beachtlich. Und schön wild war es, einfach herrlich. Der Mond, hinter Nebelschleiern wie schimmerndes Gewebe, war nur zu vermuten. Vom Tale sahen wir fast gar nichts. Nur ab und zu durchbrach ein fahles Licht die dichte, weiße Wand. Es war ebenfalls eingehüllt und überzogen von milchigen Nebelwolken. War das jetzt Frankreich? Konnte es nicht auch in einem deutschen Gebirge bei Nacht und Nebel so auf uns einwirken? Etwas Gewisses aber legte sich doch allen auf und nahm von uns Besitz.

Nachdem wir die nächtlich verlassene Straße einige Male auf und ab geschlendert waren, kehrten wir zu unserem wartenden Bus zurück. Der Fahrer hatte sich zwischenzeitlich etwas ausgeruht, er konnte wieder starten. Und jetzt, von der frischen Luft gut durchgeblasen, schlief ich tatsächlich fest ein.

Als der Tag langsam zu dämmern begann, erwachten wir, einer nach dem anderen. Verschlafen wurden die dunklen Vorhänge zur Seite gezogen, um das Tageslicht einzulassen. Und da geschah es, dass sich uns überraschend ein Bild von bezaubernder Naturschönheit bot. Wir hatten die wuchtigen Berge links von uns liegen gelassen, die sich jetzt in bizarren Silhouetten gegen den wolkenlosen, morgenklaren Himmel abhoben. Dunkelschwarzes, gewaltiges Massiv und dahinter, langsam steigend, die tiefrote Scheibe der aufgehenden Sonne. Ähnlich dem Aufglimmen eines beinahe erloschenen Feuers verstreute sie ihr blasses, rosarotes Licht, das sich mit dem erwachenden Schein des südlichen Firmamentes vermischte. Wir fuhren der Sonne entgegen, hinein in den Tag und hinein in das uns noch fremde Land – Frankreich.

Gegen acht Uhr – Einzug in Bourg. Müde und übernächtigt kletterten wir aus dem Bus. Bis alle versammelt waren, bot sich ausreichend Gelegenheit, einen ersten flüchtigen Eindruck zu gewinnen. Ein paar Jungen schienen es gar nicht eilig zu haben, zur Schule zu kommen. Dort fegte ein Großvater voll Sorgfalt den Bürgersteig vor seinem Hause. Andere hasteten zur Arbeit, vorüber an dem wunderschönen Morgen, der uns hier in diesem Städtchen den ersten Willkommensgruß entgegenschickte. Durch schmale, verbaute Straßen gelangten wir auf den Kirchplatz, den ich als Herberge der Sehenswürdigkeit von Bourg, der Église de Brou, nennen möchte.

Ein freundlicher alter Mann ließ uns ein und führte uns durch die geheiligten Räume. Er zeigte uns jeden Winkel der Kirche und erzählte von ihrer Geschichte, vergaß dabei auch nicht, auf besondere Kleinigkeiten in seiner netten, gutmütigen Art aufmerksam zu machen. Diese altgotische Kirche, bei der sich ein kaum merklicher Übergang zur Renaissance nicht verleugnen lässt, entstand im 16. Jahrhundert auf Wunsch Margaretes von Österreich, der Herzogin von Savoyen. Sie ließ diese einzigartig schöne Kirche errichten zum Andenken an ihren Gemahl Philibert den Schönen und dessen Mutter, der Herzogin von Bourbon. In der ganz aus Marmor erbauten Kirche fanden diese savoyischen Fürsten in drei prächtigen Grabmälern ihre letzte Ruhestätte. Das Chorgestühl aus dunklem Holz und mit kunstvoller Schnitzarbeit versehen ist ein Meisterwerk für sich. Wiedergabe der lebenden Natur in Marmor, Spiegelung menschlichen Vermögens, einzigartiges Meisterwerk von menschlicher Hand, das ist diese Kirche. Jede Figur, jede Blume und jede Säule zeugt von liebevoller und mühsamer Arbeit.

Wären wir ausgeschlafen gewesen, hätten wir sicher noch länger verweilt. Aber jetzt wollten wir endlich unser erstes Reiseziel, Lyon, erreichen und fuhren aus diesem Grunde weiter. Drei Stunden später, um elf Uhr, war vorerst alle Müdigkeit verflogen. Es war geschafft. Wir fuhren durch die belebten Straßen von Lyon. Aber das war gar nicht so einfach. Es dauerte einige Zeit, bis wir, nachdem wir erst etliche Male kreuz und quer gefahren waren, die von außen kaum als solche zu erkennende Jugendherberge ausfindig gemacht hatten. Man sollte es nicht für möglich halten, aber es war wirklich eine richtige Räuberhöhle, in die wir geraten waren. Es blieb uns nichts anderes übrig, als sie zuerst mit vereinten Kräften und frischem Mut einigermaßen wohnlich zu gestalten.

Bald jedoch fiel uns auf, dass hier schon südländische Luft wehte. Wild gestikulierende, schwarzhaarige Franzosen mit

Schnurrbärten, die dem Aussehen nach eventuell sogar mit den feurigen Italienern zu verwechseln waren, redeten auf uns ein und wir hatten Mühe, sie zu verstehen. Die schmutzigen Straßen, die nach der Straße offenen Läden, in denen man auch, und das gar nicht selten, neben den Fleischauslagen eine alte, fette Katze liegen sehen konnte, die die Vorübergehenden nur träge mit ihren halb geschlossenen Augen anblinzelte. Ja, die ganze Stadt strahlte die Atmosphäre des Südens aus.

Nachdem wir sämtliche vorhandenen Decken ausgeschüttelt und den Fußboden mit dem Wasserschlauch gesäubert hatten, konnten wir noch gerade schnell unsere Koffer auspacken, um dann rechtzeitig zum Mittagessen zu gehen. Höchstens zehn Minuten Fußweg, bis wir das Restaurant betraten, das, ganz verschieden von einem deutschen, ebenfalls schon südlichen Charakter aufwies. Es war so ungefähr Café und Wirtshaus in einem. Der ganze Raum machte einen dunklen, gedrückten Eindruck. Gleich neben der Eingangstüre war der Ausschank. Hier standen etwas einfach aussehende Männer und tranken ihre Tasse schwarzen Kaffee. Die Franzosen rösten die Kaffeebohnen fast, bis sie schwarz werden. Bier, wie es in Deutschland überall getrunken wird, gibt es in ganz Frankreich nur sehr selten. Für uns hatte man schon einige Tische aneinandergeschoben und gedeckt. Wir aßen einen herrlich frischen Tomatensalat, danach Beefsteak mit Bratkartoffeln und grünem Salat und als Dessert Weintrauben. Zu allem gab es Weißbrot und »vin rouge ordinaire«. Die Speisenfolge habe ich jedoch nur von den ersten Tagen aufgeschrieben.

Seit Jahrhunderten wird Frankreich das Land genannt, in dem sich gut leben lässt. Wohl jeder kennt den Ausspruch: »Leben wie Gott in Frankreich.« Und wir sollten noch oftmals über das französische Essen staunen. Zu allem, ja sogar zur Suppe, bekamen wir diese langen Weißbrote. Baguettes heißen die Dinger und sind oft über einen Meter lang. Was ein echter Franzose ist, der wischt damit seinen Teller schön sauber und verzehrt sie massenweise. Wir versuchten es ihnen gleichzutun. Und dann – hier wurde ja alles gesondert serviert. Zuerst das hors-d'oeuvre, da gab es eine Suppe oder eine kleine appetitanregende Vorspeise. Dem folgte der Fleischgang. Erst danach bekamen wir das Gemüse. Das Ganze wurde dann abgerundet durch einen Teller voll mit Obst. Dabei wechselten sich Trauben, Melonen, Granatäpfel und frische Feigen ab. Kartoffeln haben wir kein einziges Mal bekommen, nur manchmal Kartoffelbrei, oft jedoch Reis. Mittags und abends stand für jeden eine kleine Karaffe des »vin rouge« bereit. Wir entwickelten uns zu kleinen Säufern. Noch eine Eigenart der französischen Küche, die mir aber erst in Paris auffiel, sie braten das Fleisch nur halb durch, sodass es innen oft noch blutig ist. Aber genug vom Essen, sonst läuft mir in Erinnerung das Wasser im Munde zusammen.

Am Nachmittag brachte uns unser Bus in die Stadt. Die Jugendherberge lag ziemlich weit außerhalb. Wir starteten mit den Mädels einer französischen Jugendgruppe zu unserem ersten Stadtrundgang. Zuvor hatte uns Frau Schmorell noch einige Stadtpläne gekauft, damit wir auch einmal alleine losgehen konnten, ohne uns zu verlaufen. Natürlich wollten wir alle zuerst gern die Basilique de Fourvière besichtigen, die wir schon am Morgen von Weitem gesehen hatten. Da sie der Höhepunkt der ganzen Stadt ist, mussten wir ziemlich steigen. Jedenfalls kam es uns nur so vor, weil wir von der langen Fahrt alle müde waren. Die Basilika, im byzantinischen Stil erbaut, ist noch verhältnismäßig jung. Sie entstand im 19. Jahrhundert. Von ihrer Esplanade hatten wir einen herrlichen Rundblick über die ausgedehnte Stadt und weiter über die Ebene bis zu den entfernten Alpenketten. Wir sahen die bunten Häuser, die in herbstlicher Mittagssonne vor uns lagen, die Flüsse Rhône und Saône, die Lyon durchziehen, und viele der siebenundzwanzig Brücken, die als besonderer Schmuck der Stadt gelten.

Lyon, das ehemals eine vorrömische Siedlung war, zählt heute (1955) mit seinen Vororten 800.000 Einwohner und gehört zu den bedeutendsten Städten Südfrankreichs. Unterhalb der Basilika befinden sich das große Amphitheater und das Odéon, die beide auf diesem Hügel vor einigen Jahren freigelegt wurden. Wir schlossen uns einer Führung an und erfuhren dabei einiges über dieses pompöse Bauwerk. Das Theater, das im ersten Jahrhundert nach Christus entstanden war, wurde ebenso wie die Kulissen und Umkleideräume ehemals von Mauern eingefasst. Hiervon sind heute nur noch die Fundamente geblieben, die der Zeit mit ihren vernichtenden Gewalten standgehalten haben. Der Boden der Spielfläche im großen Theater ist mit italienischem grünen und weißen Marmor ausgelegt, während im kleinen Theater griechische und ägyptische Marmorplatten von üppiger Pracht vergangener Jahre zeugen. Im Halbkreis erheben sich die stufenförmig angelegten Zuschauerreihen, in denen u. a. besondere Sitzplätze für die Senatoren eingerichtet waren. Das Dach, von dem heute nichts mehr zu sehen ist außer den Höhlungen im Stein, in denen die Pfähle eingelassen waren, war, wie uns die Führung erklärte, früher mit Bronze bedeckt. Wo Theater gespielt wird, wird auch gesungen. Und warum sollten wir das nicht auch einmal versuchen; wir wollten ja in Frankreich singen und tanzen. Also stellten wir uns im Halbkreis auf und sangen. Und alle Besucher, die zufällig da waren, blieben stehen und hörten unserem Lied zu.

Am Abend taten unsere Füße vom vielen Laufen so weh und wir waren vom Sehen und von der langen Fahrt bis Lyon so erschöpft, dass der Hunger fast gänzlich vergangen war, und wir uns nach dem Essen (es gab Kartoffelsuppe, Fleisch, Kartoffelbrei und Trauben zum Nachtisch) schon halb schlafend durch die Straßen schoben. In unseren etwas primitiven Betten schliefen wir dann doch so gut, als ob wir zu Hause in unseren eigenen gelegen hätten. Vor dem Einschlafen dachte ich noch kurz an zu Hause, denn gerade an diesem Abend brachte mein Vater seinen Film »Hanauer Ansichtskarten« in Wilhelmsbad zur Uraufführung. In Gedanken drückte ich ihm die Daumen, dass alles klappen sollte.

Wie wir schon am ersten Tag allerlei Überraschungen erlebt hatten, sollten wir gleich am nächsten Morgen wieder eine neue erleben. Unsere Kleider, wir Mädels hatten alle gestreifte Kleider aus nicht gerade teuren Stoffen, waren auf der Fahrt im Koffer ziemlich zerknautscht worden. In weiser Voraussicht hatte eine von uns ein Reisebügeleisen mitgenommen. Wir legten eine Decke über den Tisch und steckten den Stecker des Eisens ein. Aber keine hatte das geahnt – wir konnten lange warten, bis das Eisen warm wurde. Niemand hatte damit gerechnet, dass unser Bügeleisen mit 220 Volt bei einer Spannung von nur 110 Volt nicht richtig heiß werden konnte.

Leider ließ uns unsere Zeit nur drei Tage für Lyon. Aber in den folgenden Tagen hatten wir noch manch schönes Erlebnis, an das ich mich jetzt nach beinahe zwei Jahren noch oft erinnere. An einem der darauffolgenden Abende besuchten wir in Begleitung unserer französischen Freunde und zwei Berlinern, die wir in der Jugendherberge getroffen hatten, den Palace de Glace – den Eispalast. In einem geräumigen Raum nahmen wir Platz, tranken vin blanc und schauten durch die großen Scheiben den Eisläufern auf der Bahn zu. Die schmeichelnde Musik eines Wiener Walzers klang zu uns herüber. Wir lauschten und unterhielten uns, angeregt durch den Wein, eifrig mit unseren Begleitern. Zu lustig, wenn man etwas erzählen will, und weiß nicht, wo man anfangen soll. Aber mit den Händen und unseren Wörterbüchern kam doch eine recht spaßige Verständigung zustande.

Auch eine Bootsfahrt auf der Saône muss man erlebt haben, um davon berichten zu können. Unsere französischen Freunde hatten davon geschwärmt. Und so pilgerten wir am zweiten Nachmittag unseres Aufenthaltes den Fluss entlang zur Anlegestelle. Dort unter den Brücken sahen wir auch zum ersten Male die Boule-Spieler (Kugelspieler). Wir bestiegen ein offenes Motorboot und fuhren die Saône aufwärts, vorbei an den Häusern und Straßen und unter den vielen Brücken durch, die die Stadtteile miteinander verbinden, bis das Boot an einer Insel anlegte und uns absetzte. Die Insel war nicht groß. Ich glaube, es standen nur ein oder zwei alte Häuser darauf. Sie waren umgeben von hohen knorrigen Bäumen. Wir umwanderten die Insel zwei-, dreimal, setzten uns noch eine geraume Weile auf eine Steinbank und schauten auf den Fluss, bis es wieder Zeit wurde, zur Anlegestelle hinüberzugehen. Während der Heimfahrt wurde es schon dunkel und vom Wasser wehte ein kalter Wind. Die erleuchteten Fenster und die hellen Straßenlaternen spiegelten sich und ließen ihre hellen Bahnen von den Wellen schaukeln. Es war ein schöner Nachmittag gewesen.

Am nächsten Abend gleich nach dem Abendessen führte man uns durch die Straßen von Lyon, die jetzt von Vergnügen suchenden Menschen gefüllt wurden, dann in einem alten Haus eine ausgetretene Steintreppe hinauf und schließlich traten wir ein in ein kleines freundliches Zimmerchen. Wir wurden schon erwartet und freudig begrüßt. Im angrenzenden kleinen Saal erklangen später unsere Lieder und wir führten unsere Volkstänze vor. Anschließend sangen auch unsere französischen Freunde. Einfach wunderbar, welche gewaltige Macht in ihren Stimmen lag und mit welcher Begeisterung sie bei der Sache waren. Ihre Tänze zeigten sie uns erst am nächsten Abend. In einer geräumigen Turnhalle versammelten wir uns nach dem Essen und tanzten nun gemeinsam französische und deutsche Volkstänze, zu denen Monsieur Gorond mit der Violine aufspielte.

Mit der Zeit merkten wir auch, wie anstrengend solch eine Fahrt ist. Kamen wir des Abends spät nach Hause in unsere Herberge, fielen wir fast in unsere Betten und schliefen auch sofort ein.

An einem Nachmittag, leider regnete es in Strömen, fuhren wir in unserem Bus begleitet von einigen unserer Freunde aus Lyon hinaus. Sie hatten uns erzählt, dass nicht sehr weit ein vom Fortschritt fast unberührtes, altes, kleines Städtchen liegen sollte. Das wollten wir natürlich sehen. Cité Médiévale de Pérouges, so steht es im Reiseführer von Frankreich, in dem ich später nachlas, um Näheres über Pérouges zu erfahren. Pérouges ist mit seinen 450 Einwohnern das lebende Beispiel einer mittelalterlichen Stadt. Teilweise sind die Befestigungsanlagen verschwunden, aber die alten, holprigen Gassen haben ihre Gestalt von damals noch nicht verloren und strahlen dem Besucher ihren Reiz entgegen. Gegründet in der römischen Epoche, wurde diese Ortschaft bald ein befestigter Platz, um den sich die Erzbischöfe von Lyon, die Dauphins und das Haus von Savoyen stritten. Im Jahr 1468 wurde Pérouges, damals savoyisch, von dem Heer der Dauphiné belagert, das die Landschaft Bresse überflutete. Bis zur Revolution sicherten die Stoffwebereien und der Handel mit Stoffwaren den Aufschwung des Ortes. Aber im 19. Jahrhundert machten die Konkurrenz der modernen Fabriken und die Entfernung von der Hauptstraße aus Pérouges eine tote Stadt. Ein Ausschuss, der 1942 gegründet wurde, befasst sich seitdem tatkräftig damit, die alten Häuser zu erhalten und die Ruinen wieder aufzurichten. Das heutige, gerettete Pérouges stellt eine Gesamtheit dar, aus der einzelne Bauten herausragen, die kleine, befestigte Kirche aus dem 12. und 14. Jahrhundert, die unter Denkmalschutz steht, das Fürstenhaus (Maison des Princes) mit seinem Wachtturm, das Haus des Sergent de justice, die Porte d'en Bas und auf dem Place du Tilleul das Haus St.-Georges, die gotische Galerie und das Museum, schließlich die Hostellerie du Vieux Pérouges, ein Wohnhaus aus dem 13. Jahrhundert, dessen Inneres mit Möbeln aus jener Zeit eingerichtet ist. Und eben dieses Haus wollten wir besuchen.

Den Bus hatten wir am Fuße des Hügels, auf dem Pérouges liegt, stehen gelassen und stiegen nun langsam hinan. Durch alte, halb verfallene Mauern gelangten wir in die Stadt. Alte, von wildem Wein und Efeu umrankte Häuser und Mauern, an denen jetzt der Regen herunterperlte und im schwachen Licht der Nachmittagssonne sonderbar glitzerte, schauten uns düster entgegen. Vorbei an dem alten Ziehbrunnen, über dessen rostige Winde wohl einst der Wassereimer hinabgelassen wurde, traten wir ein in ein geräumiges, wohnliches Zimmer, das sich noch in verschiedene Nebenstübchen erweiterte. Ja, hier ließ es sich bei solch einem schlechten Wetter gut verweilen. Ein offener Kamin verbreitete eine angenehme Wärme und wir machten es uns in seiner Nähe bequem. Die Stuben waren antik eingerichtet, die geschnitzten Möbel, die gusseisernen Laternen, die niedere Holzdecke und erst der ganze Zierrat, der die Wände schmückte, angefangen vom Zinnteller bis zum bunt bemalten Porzellan. Wir bestellten Galette pérougienne (eine Kuchenart), der uns auf einem flachen Holzteller ungefähr vom Umfange eines Wagenrades mitten auf den Tisch gestellt wurde. Wie er schmeckte, kann ich mich leider nicht mehr erinnern. Ich weiß nur noch, dass der ganze Kuchen mit Luftblasen übersät war. Dazu tranken wir aus großen bemalten Tassen, die auf jeder Seite einen Henkel hatten, süßen Tee mit Zitrone. Und, das Erstaunlichste: Hier liefen ja die Mädchen noch in den alten Trachten von früher umher. Das einfache Leinenkleid, betont durch eine dunklere Borde am Saume, die geblümte, weit ausgeschnittene Bluse, die von einem weißen Spitzenschultertuch verdeckt wurde, und als Krönung des Ganzen ein gut gestärktes weißes Spitzenhäubchen, das dem einer jungen Holländerin ähnlich sah.

Es waren schöne, wunderschöne und unvergessliche Tage, die wir in Lyon erleben durften. Sie waren ausgefüllt vom Morgen bis zum Abend mit Erleben. Verständlich, dass uns allen der Abschied schwer wurde, denn wir hatten sie lieb gewonnen, sie, die Straßen und Plätze von Lyon, die Südfranzosen und die Mädel und Jungen der Gruppe von Ms. Gorond, mit denen wir gesungen und getanzt hatten und, ohne es zu beachten, durch frohe Stunden geeilt waren. Sie waren uns zu Freunden geworden. Ein Buch von Hanau und eine kleine Vase mit dem Hanauer Wappen schenkten wir ihnen beim Abschied zur Erinnerung an unseren Besuch.

Früh am nächsten Tag fuhren wir weiter, unser Ziel war Paris. Vor uns lag ein sonniger, erlebnisreicher Tag.

Noch einmal fuhren wir durch die uns so vertraut gewordenen Straßen, in denen jetzt der Tag begann.

Für die, die wir zurückließen, bedeutete es einen Tag wie jeder andere, der sich mit dem vorhergehenden zum Band der Zeit zusammenschließt. Ein Tag wie jeder andere, angefüllt mit Arbeit und Sorge, Freude und Glück. Viele Menschen und ebenso viele Schicksale wohnen in einer großen Stadt wie Lyon. Hinter jedem Fenster leben Menschen und schlagen Herzen. Jeder lebt – seinem Schicksal entgegen. Eine Großstadt gleicht einem Ameisenvolk. Viele Tausende Ameisen gehören zu einem Volk. Emsig, unermüdlich regen sie ihre kleinen Beinchen den ganzen Tag über und auch noch in der Nacht. Und ist die Arbeit der Einzelnen nur gering, so bilden sie doch gemeinsam vereint eine Macht, ein Volk, das sich im Daseinskampf behaupten wird. Und wie ist es in der Stadt? Pulst es nicht auch da vom regen Treiben und Wirken der Menschen?

Wir ließen sie hinter uns, die Großstadt mit ihren Schicksalen, und fuhren unserem Tag entgegen. Durch den 1762 Meter langen Saône-Tunnel ging es unter dem Fluss hindurch. Im Jahr 1952 war der Tunnel vollendet worden. Er verbindet die Ufer von Rhône und Saône, die durch eine Landzunge getrennt sind, und erspart so dem Straßenverkehr viele Umwege und Steigungen. Er nimmt außerdem den von Norden kommenden Durchgangsverkehr auf und leitet ihn in die breiteren und weniger belebten Straßen, die an der Saône entlangführen. Dann ließen wir, nachdem wir auf der Gegenseite wieder herausgekommen waren, die Stadt hinter uns.

Immer der Straße nach, die sich gleich einer Achterbahn in weiten Bögen und Hügelketten durch die Ardennen zieht, ging unsere Fahrt. Dieser Landstrich Frankreichs übertraf alles bisher Gesehene und hinterließ in meinem Gedächtnis ein eindrucksvolles Bild. Noch nie zuvor hatte ich in meiner Heimat solch einen Herbsttag erlebt, einen Tag voll Wärme und Behagen, ganz angefüllt mit magischem Feuer und faszinierender Schönheit. Die Höhen erstreckten sich fast kahl. Nur hier und da wurden sie von flachem, verkrüppeltem Buschwerk beschattet, das sich schutzsuchend dem Mutterboden entgegenneigte. Vereinzelt, beinahe selten, überragte ein knorriger, dem Wetter trotzender Baum die sonnenüberfluteten Höhen. Färbungen von wohltuender Wärme und Anmut, wie ich sie vorher noch nie zu einer solchen Harmonie vereinigt gesehen hatte, wechselten mit Flächen nackten Gesteins. Gelb, Grün, Braun und Rot, bis ins tiefe Weinrot, diese Farben hatte sich hier die Natur zunutze gemacht. Sie hatte mit ihrer Hilfe ein farbenfrohes Bild geschaffen. Ich sollte mich später noch oft an die herrlichen Stunden dieser Fahrt erinnern. Allerdings, und auch das muss ich erwähnen, war es mir, wie auch einigen anderen, von dem dauernden Wechsel von rechts und links, hoch und tief etwas schwummrig geworden. Auch nach einer kurzen Rast fühlte ich mich noch nicht besser. Ich setzte mich neben Wolfgang in die erste Reihe, lehnte meinen Kopf nach hinten und versuchte, etwas die Augen zu schließen. Aber auf der anderen Seite wollte ich auch nichts versäumen. Erst nachdem mir jemand die Stirne mit einer scharfen Essenz eingerieben und mir auch etwas davon unter die Nase gehalten hatte, wurde der Schwindel allmählich weniger und bald hatte ich mich erholt. Dieser kleine Zwischenfall sollte aber auch der einzige der ganzen Fahrt sein.

Singend fuhren wir weiter. Gegen Mittag machten wir erste längere Zwischenstation in Auxerre. Wir ließen unseren Autobus am Ufer der Yonne im Schatten alter Kastanienbäume stehen und pilgerten die winkligen Kopfsteinpflasterstraßen zur Kathedrale hinauf. Eine Kathedrale aus dem 13. und 16. Jahrhundert, in der einst die Jungfrau von Orléans für den Sieg gebetet haben soll, wie heute noch ein Gedenkstein bekundet. Ein kleiner, kurzer Gang durch die reizenden, alten Gässchen von Auxerre, ein paar Einkäufe für unser primitives Frühstück und weiter ging es.

Es war am Nachmittag, als wir zum zweiten Male Station

machten, und zwar hielten wir direkt vor der Kathedrale von Sens, die zu den ältesten gotischen Kathedralen Frankreichs zählt. Sens ist eine interessante Stadt mit recht bedeutenden Überresten aus der Römerzeit. Leider war unsere Gesellschaft etwas in Zeitnot, da wir Paris noch am Abend erreichen wollten. Wir sahen uns folglich nur die stolze, hoch aufragende Kathedrale an, die beinahe den reichsten Kirchenschatz des Landes birgt. An ihr wurde vom 12.–16. Jahrhundert gearbeitet. Bemerkenswert ist neben prächtigen Wandteppichen und Kunstgegenständen von hohem Wert der schlichte Altar – auf ihm liegt nur eine weiße Atlasdecke mit einem großen roten Kreuz darauf – der von dem angrenzenden Chor durch kunstvolle, schmiedeeiserne, reich vergoldete Gitter getrennt wird. Eine Kathedrale, eine Sehenswürdigkeit von außen und innen! Das lang gestreckte Dach ihres Mittelschiffes weist reiche mit buntem Schiefer gelegte Muster auf. Schade, dass unsere Zeit so knapp war. Wir mussten schon bald wieder starten.

Immer näher kamen wir Paris. Vorbei an Fontainebleau, das seine Entstehung wie Versailles einem Jagdschlösschen verdankt. Viele tragische Umstände verknüpfen sich noch heute mit diesem Namen. Auch Napoleon weilte oft längere Zeit in Fontainebleau. Heute ist es ein historisches Museum mit Salons und herrlichen Galerien, aber ohne Leben. Langsam neigte sich Dämmerung über die Landschaft. Auch am Flughafen von Paris fuhren wir ohne Zwischenstation vorbei. Paris! Weiter, weiter ... oh da, wir hatten uns in dem unbekannten Straßennetz verfahren. Also zurück ... und weiter. Endlich, jetzt war es schon Abend, hatten wir das Ziel erreicht, Paris! Wir waren angekommen.

Paris – Stadt der Straßen, Boulevards, Plätze, Theater und Brücken. Paris – Stadt der Liebe, des Zaubers und der Frauen. Paris – Weltstadt. Beladen mit Koffern, Decken und allerlei Kleingepäck kamen wir in der Rue Jean-Jacques Rousseau an. Der Autobus musste eine Straße weiter stehen bleiben. Freudig wurden wir von Monsieur Bareau, dem Leiter des Hotel de Jeunesse in der geräumigen Vorhalle empfangen. Ach, wie müde wir alle waren.

»Sie sprechen aber gut Deutsch.«

»Wir sind ja auch Deutsche. Wir kommen aus Bonn und sind schon zwei Wochen hier in Paris.«

Das war eine Überraschung. Die ersten Menschen, die wir in Paris ansprachen, waren Deutsche. Nachdem wir uns geeinigt hatten, wer mit wem zusammen in einem Zimmer schläft, und uns der Hausherr die Zimmerschlüssel ausgehändigt hatte, zogen wir uns vorerst zurück. In einer halben Stunde wollten wir uns wieder im Foyer treffen, um noch einen kleinen nächtlichen Bummel in die Großstadt Paris zu wagen. Ich schlief mit drei Mädchen zusammen: Christa, Ute und Deddi. Manche, wie z. B. Wolfgang, hatten sogar ein Einzelzimmer zugewiesen bekommen. Es waren schöne, hohe Räume. Von unserem sahen wir auf das Glasdach der Küche hinab.

Die Straße, in der das Hotel lag, war eng und schmutzig, nahe bei den sogenannten »Halles« und kaum drei Minuten vom Louvre entfernt, also im Herzen von Paris. Schon früh am Morgen um drei oder vier Uhr, beinahe noch in der Nacht, begann der Lärm in den Straßen. Rufe, Schreie und Motorengeräusche, das Aufprallen von Kisten, das Rollen von Tonnen vermischt mit der frischen, herbstlichen Morgenluft, die die Vorhänge zur Seite wehen ließ, weckten uns aus unserem Schlummer. Unermüdlich brachten die Bauern und Händler ihre Waren nach Paris, die ganze Nacht hindurch; am Tage werden sie dann verkauft und eine Stadt kann leben. Nachdem die Koffer ausgepackt waren und wir uns etwas erfrischt hatten, gingen wir hinunter zu den anderen. Alle zusammen konnten wir ja nicht gehen, aber alleine war auch nicht ratsam. Wir kannten ja diese fremde Stadt noch nicht. Also teilten wir uns in drei Gruppen und zogen los. Herr Schadeberg (Lehrer der Mittelschule), er sprach sehr gut Französisch, Herr Rüger unser Fahrer, Wolfgang und ich – ich glaube, dass noch mehr mit waren – gingen gemeinsam los. Wir suchten unseren Weg durch die engen, dunklen Straßen, sahen die Franzosen fragend an, schauten uns die »Halles« von außen an und wechselten ein paar Worte mit einem alten Franzosen. Später kehrten wir noch in einer kleinen Kneipe ein und tranken dort ein Gläschen »vin rouge«. Sehr müde stieg ich ins Bett und schlief einem neuen Tag entgegen.

Sieben Tage in Paris, sieben lange Tage; und doch war es viel zu wenig Zeit im Vergleich zu all den neuen Eindrücken, die hier auf uns warteten. Ich glaube, dass ich noch nie so viel auf einmal erlebt habe wie in der folgenden Woche. Wir dehnten unsere Spaziergänge oft stundenlang aus und durchstreiften Paris kreuz und quer.

Schon am Tag nach unserer Ankunft starteten wir früh am Morgen gleich nach dem Frühstück. Zuerst stand ein Besuch des Louvre an. Stundenlang treppauf, treppab, durch endlose Gänge und Räume, von der Mona Lisa bis zur Venus von Milo, von den kostbarsten Kronjuwelen zu den Galerien Holbeins, Rubens und vielen mehr. An drei Vormittagen hintereinander durchstreiften wir das Museum. Beim ersten Besuch hatten wir bereits nach vier Stunden eine Pause nötig.

Durch den weiten Hof des Louvre gelangt man sofort an die Seine, den viel besungenen Fluss. Wir gingen ein Stück an ihm entlang, bis wir die älteste und wohl auch bekannteste Brücke von Paris, die Pont Neuf, erreichten. Sie führt zu der Seineinsel, auf der sich die Kathedrale »Notre Dame« gewaltig gen Himmel reckt. Überwältigt von dem mächtigen, vollkommenen Bau der Kathedrale (1160–1259) blieben wir eine Weile stehen, um diesen Anblick zu genießen. Alsdann wurden die engen, dunklen Treppen, ich glaube, es waren so an die 383 Stufen, des nördlichen Turmes erklommen. Von dort oben bot sich uns ein herrlicher, ein bezaubernder Rundblick auf die Weltstadt Paris, die umliegenden Hügel und den fernen Horizont. Über eine Galerie kleinerer Säulen gelangten wir zu dem südlichen Turm, in dem die Glocke, die sogenannte »Bourdon de Notre Dame« ihren angestammten Platz hat. Wir erfuhren dort von ihrer Vergangenheit. Als wir wenig später durch das Hauptportal, das Portal des Jüngsten Gerichts, das Innere der Kirche betraten, schlug uns tiefe Ruhe und fahle Dunkelheit entgegen. Kaum wagte ich, unter den Säulengängen und an den Kapellen vorbeizugehen, in der Angst, ein lauter Schritt könne das Heiligtum zerstören. In gewaltigen, jedoch bis ins feinste Teil bemalten Fenstern und Rosen brachen sich die Strahlen des Lichtes und tanzten auf den Gewändern der Heiligenfiguren und dem Braun des Gestühls. Ich setzte mich in eine der hintersten Bänke und lauschte in die Stille. Wenn jetzt plötzlich die Glocke schwingen würde, wenn die große Orgel in ihr Geläut einfiele ...

Etwas benommen setzten wir unseren Weg fort zum Palais de Justice und zur Sainte-Chapelle, die, übereinandergebaut, eine untere und eine obere Kapelle umfasst. Seitenlang könnte ich mich jetzt damit befassen, jede Kirche und ein Gebäude nach dem anderen zu beschreiben. Erwähnenswert ist lediglich noch, dass der einstige Hochaltar in der oberen Kapelle heute nur noch angedeutet ist.

Wir durchstreiften diese Riesenstadt in den paar Tagen, die wir dafür hatten, so gut es ging. Wir spazierten durch die Anlagen des Jardin de Luxembourg, schauten dort den Malern zu, betrachteten die Leute und freuten uns mit den Kindern, die dort für wenig Geld auf einem Esel reiten durften oder ihre Segelschiffe in den Wasserbecken der Springbrunnen treiben ließen. Wir bewunderten die Prachtstraßen, die Rue Rivoli und die Champs-Elysées, wo sich die große Welt in den Kaffees, den Luxusgeschäften und den Modehäusern trifft. Die Champs-Elysées beginnt bei dem Park der Tuilerien, ehemals Königs- und Kaiserschloss in Paris, heute Museum, und richtet sich vom Place de la Concorde direkt auf den Triumphbogen, auf dem Napoleon seine siegreichen Schlachten für immer der Nachwelt überlieferte. Hier liegt auch das Grabmal des unbekannten Soldaten. Hierher fuhr ich ganz alleine an einem Abend mit der Untergrundbahn. Mit einem Tütchen heißer Maronen in der Hand schlenderte ich an den Geschäften und Vergnügungslokalen vorbei, in denen sich die große Welt amüsierte und das Leben pulste.

Ein Bekannter von Frau Schmorell zeigte uns das Militärmuseum (wir haben es nicht besichtigt, sondern uns nur die Kanonen und Rüstungen im Hof angesehen), die Invalidenkirche mit dem Invalidendom und führte uns zum Eiffelturm mit dem davor liegenden Marsfelde. Lange hielten wir uns nicht in der Invalidenkirche auf. Auch sie zeugt wie so vieles von den Feldzügen, den Schlachten und den Eroberungen eines einzelnen Mannes – Napoleons. Bestimmt über hundert Fahnen und Standarten hingen zerrissen, zerfetzt und verblichen von der Decke. Bei den meisten war von der einstigen Farbenpracht kaum noch etwas zu sehen. Ich glaube, sie könnten viel aus ihren besseren Tagen erzählen. Das Grab des Feldherren und Kaisers Napoleon liegt tief im Invalidendom. Ein prunkvoller Sarkophag aus rotem und grünem Marmor zieht die Augen seiner Besucher auf sich. Aber Napoleon ruht nicht alleine.

Er wird umgeben von seinen Treuen: Marschall Foch, Marschall Vauban, Josef Napoleon, Jérôme Napoleon I, Napoleon III – Roi de Rome, Marschall Turenne (Minister General), Bertrand du Roc (La Tour d'Auvergne I. Grenadier der Republik 1743–1800). Bald führte uns unser Begleiter weiter zum Eiffelturm, der für Millionen Ausländer und Einheimische zum Wahrzeichen von Paris geworden ist. Leider war die Witterung nicht günstig. Der Himmel war dunstig und verhangen und es hätte wenig Sinn gehabt, mit dem Aufzug nach oben zu fahren. So bestaunten wir das schwere eiserne Bauwerk nur von unten und schauten die dreihundert Meter an seinen Eisenträgern hinauf, die hoch in den Himmel ragen.

Ein älteres Ehepaar, ich glaube, es waren Bekannte von Frau Schmorell, führte uns an einem Nachmittag in die Altstadt und dort unter anderem auch zum Place des Vosges. Jedes Haus bietet hier den Anblick eines kleinen Palastes.

Es liegt jetzt bereits drei Jahre zurück, dass ich dies alles erleben durfte. Wen wird es daher sonderlich verwundern, wenn die Erinnerung verblasst ist und sich meine Gedanken beim Aufschreiben kaum noch an die wirklich erlebten Tatsachen halten. Ich bitte daher alle, die die Dinge anderes in ihren Erinnerungskästen aufheben, viele Male um Entschuldigung und Vergebung.

Einen ganzen vollen Tag nahm unser Abstecher nach Versailles und Chartres in Anspruch. Da Chartres 96 Kilometer entfernt lag, fuhren wir am Morgen zuerst an Versailles vorbei. Über den engen Sträßchen der alten Stadt, über den spitzgiebeligen Häusern am Ufer des Flüsschens Eure, über allem erhebt sich als Sehnsuchtsziel der Gläubigen und Kunstfreunde, die Kathedrale, durch die Chartres bekannt geworden ist. Sie wurde in zwei Epochen erbaut. Heute ist dies noch erkennbar daran, dass sie zwei ganz unterschiedliche Turmspitzen trägt. Am linken Turm »Clocher neuf« entstand der untere Teil im 12. Jahrhundert, der obere erst im 16. Jahrhundert. Der rechte Turm ist rein romanisch. Nach der eigentlichen Besichtigung hatten wir noch Gelegenheit, durch einen Seiteneingang in die muffigen Gewölbe der Krypta einzudringen, waren jedoch froh, wenig später wieder die frische Herbstluft einzuatmen. Rings um die Kathedrale und in der unteren Stadt sieht man Häuser aus dem Mittelalter oder der Renaissance-Zeit. Als wir wieder zu unserem Bus zurückgingen, führte uns unser Weg an zwei bretonischen Spitzenverkäuferinnen vorüber, die sich mit ihrer feinen Arbeit in die laue Herbstluft vor das Haus gesetzt hatten. Im dunklen Haar trugen sie kunstvolle Türmchenhauben aus Spitze. Zu Füßen der Kathedrale konnten sich unsere Augen in einem der niedrigen, kleinen Häuschen sattsehen an blinkendem Messing, edlem Porzellan, fein geschliffenen Gläsern, Brokaten und immer wieder an unzähligen und verschiedenen Bildern von Chartres.

Es blieb nicht mehr allzu viel Zeit, als wir vor dem Schloss von Versailles ankamen. So entschloss ich mich, wie die meisten von uns, auf eine Innenbesichtigung zu verzichten. Verweilt man eine Zeit lang auf der Hauptterrasse des Schlosses, so hat man einen guten Überblick über die gepflegten Garten- und Parkanlagen. Das Wasser war schon wegen des nahenden Winters aus den Becken und Weihern abgelassen worden. Kalt und bloß lagen die Leitungen der Wasserspiele. »Wasserstadt« hat der Dichter Henri de Régnier Versailles genannt. Über die schnurgerade angelegten Wege raschelte das bunte, sterbende Laub der Parkbäume. Diese erstrahlten in der Sonne in ihrem letzten herbstlichen Glanz und streuten ihre goldenen Schatten warm auf den weißen Marmor der vielen Skulpturen und Standbilder. Erinnere ich mich jetzt an diese knappe Stunde des Erlebens, so wird mein Herz erneut von der Sonne dieses vergangenen Herbsttages erwärmt. Es drängte die Zeit und immer wieder wurden wir durch die enteilende Zeit aus unserer Versunkenheit gerissen. Wir schafften es nicht mehr bis zu den Trianons, es ging zurück nach Paris.

Der Tag unserer Abfahrt rückte immer näher. Viele von uns hatten für ihre Lieben zu Hause schon kleine Geschenke gekauft. Viel konnte ich ja nicht mitbringen. Ich erstand im Kaufhaus Louvre Kaffee, eine Flasche Sekt und Parfum für Mutti. Für mich kaufte ich mir meinen ersten Lippenstift. Auf unserem Zimmer angekommen, malte ich mich selbstverständlich sofort damit an, um auch gleich festzustellen, dass es ein viel zu tiefes Rot war. Also – ich musste es wieder abwischen.

Bei einem Bummel entlang der bunten Bücherstände an den Ufern der Seine, den Bouquinisten, hatte ich mir schon den Druck eines Kupferstiches des Arc de Triomphe erhandelt. Alte Bücher, Bilder und Kunstdrucke, alte Münzen und Briefmarken, praktisch alles, was ein Sammlerherz begehrt und erfreut, war dort zu finden. Kommst du jedoch einmal nach Paris und willst dir dort eine alte Badewanne, ein paar rostige Nägel oder einen Puppentorso mitnehmen, dann musst du den Flohmarkt besuchen. Er gehört zu Paris wie der Eiffelturm und der Montmartre und ist mit seinen Ständen, Buden und Auslagen dort nicht mehr fortzudenken. Am Abend vor unserer Abreise gleich nach dem Essen schlenderte ich mit einem Jungen unserer Gruppe ein letztes Mal am Ufer der Seine entlang. Beinahe verlassen mutete sie an, deren Wasser sich tief und dunkel im Licht des Mondes bewegten, weit entfernt von dem gleißenden Nachtleben in den Prachtstraßen der Weltstadt. Nur hin und wieder fuhr ein Auto über ihre Brücken, von denen die Laternen lang gestreckte Lichtpfeile auf den dunklen Fluss warfen. In Gedanken nahm ich schon jetzt Abschied von Paris. Die kühle Nachtluft trug den Zauber dieser Stadt über die unzähligen Dächer bis zu mir. Spät, bald schon in der Nacht, kehrten wir uns ab und gingen mit diesem Bild im Herzen zurück. Die dunkle Fassade von Notre Dame wies uns den Weg.

»Wieder einmal ausgeflogen, wieder einmal heimgekehrt,
fand ich doch die alten Freunde und die Herzen unversehrt.«

Wir hatten Paris vor einigen Stunden verlassen und fuhren nun in Richtung Deutschland und in Richtung Heimat. Unsere Fahrt war anstrengend und wunderschön gewesen. Der Abschied von unseren Herbergseltern war uns allen nicht gerade leichtgefallen, so hatten sie uns doch während unseres Aufenthaltes in Paris beinahe elterlich umsorgt. Ich weiß heute nicht mehr, was wir ihnen zum Andenken gaben. Auf jeden Fall versprachen wir, bald von uns hören zu lassen. Ehe es uns zum Bewusstsein kam, fuhren wir jetzt in Richtung Metz durch die wildreiche Gegend einstiger Schlachtfelder (1870 und 1914/18). Die Spuren der verheerenden Kriege zeichnen noch heute nach vielen Jahren das Land an der Mosel. Verwüstet, verlassen und gestorben dehnt sich die wellige Fläche der ehemaligen Schlachtfelder zu beiden Seiten der Straße und mutet recht trostlos an. Obwohl es uns jetzt stetig heimwärts trieb, legten wir doch noch in Metz einen kurzen Stopp ein, um wenigstens einen Blitzeindruck zu erhaschen.

Metz war ehemals eine Festung. Das Deutsche Tor, an dem wir vorbeifuhren, zeugt noch heute davon. Vom Marktplatz aus verstreuten wir uns in die Altstadt mit ihren engen und winkligen Gässchen. Leider reichte unsere Zeit eben gerade noch, um uns für die letzten Francs, die uns geblieben waren, eine kleine Wegzehrung zu kaufen.

Als ich dann wieder auf meinem Platz im Autobus saß, fiel es mir sehr schwer, noch länger meine Augen aufzuhalten. Die durchbummelten Nächte von Paris machten sich bemerkbar. Ich schlief ein. Nur ab und zu riskierte ich noch einen verschlafenen Blick, als wir am Spätnachmittag durch Saarbrücken fuhren. Noch einmal wurde kurz gehalten. Dann ging es über die Autobahn geradewegs nach Hause. Ich weiß heute nicht mehr, wann wir ankamen. Das ist aber auch unerheblich. Als unser Bus erst wieder durch uns vertraute Straßen fuhr und dann vor dem Hause von Frau Schmorell hielt, auf der gleichen Stelle, wo unsere Fahrt begonnen hatte, da war ich auf einmal wieder zu Hause und es war mir, als wäre ich von einem wunderschönen Traum erwacht.

Jetzt, wo ich dieses geschrieben habe, sind schon viele Jahre seit jener Fahrt ins Erleben vergangen. Meine Erinnerungen sind verblasst und wohl vieles schon ganz in der Vergangenheit geblieben. Aber eines ist gewiss:

Frankreich war mir ein reiches Erlebnis.

Alles, was ich im Herbst des Jahres 1955 während dieser Fahrt erlebte, habe ich zwischen den Jahren 1957 und 1959 als Entwurf niedergeschrieben, verbessert, wieder durchgestrichen, umgestellt und dann die vielen Blätter einfach an einen Platz gelegt, an dem ich sie erst nach ungefähr fünfzig Jahren wiedergefunden habe. Heute bin ich sehr froh darüber, dass ich damals mein Geschreibsel nicht vernichtete. Die Fahrt nach Frankreich mit dieser Gruppe war meine erste größere Reise. Durch den langen Krieg und die Nachkriegszeit mit allen Sorgen, Entbehrungen und Existenzproblemen waren wir Jugendlichen nicht verwöhnt und sehr bescheiden geblieben. Umso größer und nachhaltiger war für mich der Eindruck, den diese Reise bei mir hinterlassen hat.

Gerne denke ich an Frau Schmorell und den Wilhelmsbader Kreis zurück. Es war eine glückliche Zeit.

Lernen fürs Leben

Mein Vater war im Sternzeichen des Stieres geboren wie ich.

Viel Positives habe ich von ihm geerbt. Auf der einen Seite die Romantik, die Träumerei und die Freude am Schreiben. Zu meinem Bedauern bleibt mir für diesen Part oft nicht genügend Zeit oder es fehlt an Ruhe. Auf der anderen Seite die erforderliche und gebotene Sachlichkeit, wenn diese vonnöten ist. Seine Akkuratesse und der liebevolle Umgang mit Zahlen haben mir geholfen, mit der vorhandenen Grundlage den für mich richtigen beruflichen Weg zu gehen. Nach Beendigung meiner Zeit auf dem Realgymnasium für Mädchen besuchte ich noch für ein Jahr die Höhere Handelsschule am Schlossplatz. Ein Jahr zuvor war es gewesen, dass die erste Schülerin in Hanau überhaupt vom Mädchengymnasium auf die Hohe Landesschule, bis da eine reine Jungenschule, wechseln durfte. Im Jahr 1956 war es nun absolut keine Besonderheit mehr, dass die Höhere Handelsschule von Mädchen und Jungen gemeinsam besucht wurde. Ganz prima haben wir uns alle verstanden und hatten manchen Spaß miteinander. Wenn Hermann seine Louis-Armstrong-Parodie brachte, dann grölte die ganze Klasse. Ein reiner Zufall wollte es, dass unser Klassenlehrer, Herr Dörr, der Lehrer war, der auch vor vielen Jahren schon meinen Vater auf dieser Schule unterrichtet hatte. Das Erlernen von praktischem Wissen wie Stenografie, Schreibmaschine, kaufmännischem Rechnen, kaufmännischem Englisch und Französisch und Buchhaltung, das alles machte mir große Freude. Mit Eifer war ich dieses eine Jahr bei der Sache. Mit Abschlussarbeiten in jedem Fach beendeten wir das Schuljahr. Da kam bei mir keine Angst auf, zu versagen. Beste Noten waren an der Tagesordnung. Das Abschlusszeugnis wies nur »Einser« und »Zweier« auf. Lediglich in kaufmännischem Französisch hatte ich nur befriedigend.

Meine guten Kenntnisse in Steno und Schreibmaschine kamen mir bei meiner ersten Anstellung in Frankfurt zugute. Um die Schreiberei in Stenografie noch zu beschleunigen, mein Handgelenk zu lockern, hatte ich beim Stenografenverein Hanau Studien in Eilschrift betrieben. Die erlernten Fähigkeiten in dem Fach

Buchhaltung waren die Grundlage für meinen späteren Job bei einem Architekten auf der Hohen Tanne und für spätere lange dreißig Jahre, in denen ich meinem Mann in seiner Anwalts- und Notariatskanzlei in Hanau half und dort so nach und nach Mädchen für beinahe alles wurde.

Für Vergnügungen war nicht viel Zeit auf dieser Schule. Es musste gelernt werden. Lediglich ein Ereignis war es, das uns für kurze Zeit innehalten ließ. Einer unserer Mitschüler aus der letzten Reihe verstarb an Diphtherie. Das gab es damals noch in unseren Landen. Alle ausnahmslos begleiteten Wolfgang auf seinem letzten Weg. Sein Tod hatte uns alle sehr getroffen. Es brauchte einige Zeit, um zu begreifen, dass jemand, der vor wenigen Tagen noch neben oder hinter einem saß, nun nicht mehr da war. Aber allem Lernen und Streben und der Trauer um unseren Mitschüler zum Trotz gingen wir weiterhin fröhlich unserem Tagewerk nach. Vage kann ich meinem Gedächtnis einen einzigen Ausflug in die Rückersbacher Schlucht und von dort eine Wanderung nach Dettingen und am Ende des Schuljahres eine kleine Abschiedsstunde, in der wir unsere lieben Lehrer mit spaßigen, aber sehr holprigen Gedichten aufs Ärmchen nahmen, abrufen. Einige dieser Verse habe ich bei meinen alten Unterlagen gefunden. Zu einer Veröffentlichung sind sie nicht zu gebrauchen. Die Texte holpern stark. Jede Schülerin bzw. jeder Schüler hatte über einen Mitschüler ein kleines Gedicht anonym verfasst, so natürlich auch über mich. Und das kann ich gerade noch zum Besten geben:

Ingrid Bury

Vorne, vor des Lehrers Nase
sitzt dort wie ein Osterhase
Ingrid Bury wohlgemut,
überlegt, was man wohl tut.

Ist der Lehrer dann gekommen,
hat voll Würde Platz genommen,
wird sie meistens überseh'n.
Für sie ist das natürlich schön.

Ist zu Ende dann die Stund,
ja dann hält sie nicht den Mund.
Dann lacht und schwätzt sie ohne Ruh.
Ja, so geht's bei Ingrid zu.

Fröhlich waren wir, unbeschwert. Jungen und Mädchen, die reif waren, ins Berufsleben entlassen zu werden. Wir gingen auseinander, ein jeder in der Annahme, das einzig Richtige zu tun. Leider hatten wir in späteren Jahren niemals ein Klassentreffen. Sicher wäre es interessant gewesen, zu erfahren, was aus den einstigen Mitschülern geworden ist und wohin das Leben sie getrieben hat.

Abschied

Meine Schulzeit war Vergangenheit. Sehr früh gegen Ende meines fünfzehnten Lebensjahres hatte ich meinen späteren Mann kennengelernt. Sehr sittsam verbrachten wir einige Jahre in Freundschaft und zart wachsender Liebe, bis wir uns nach fünf Jahren verlobten und im Jahr darauf heirateten. Es war eine andere Zeit damals. Nicht mit heute zu vergleichen.

Wegen dieser frühen Freundschaft waren meine Eltern der Meinung, dass ich mich sofort in die Arbeit stürzen sollte. Einen Beruf zu erlernen, wären ihrer Meinung nach drei oder dreieinhalb finanziell vergeudete Jahre für mich gewesen. Ich sollte für meine spätere Aussteuer ansparen, und das, obwohl ich nach einer Prüfung eine Lehrstelle bei Dunlop Hanau in Aussicht hatte. Seinerzeit war ich mir der Tragweite dieser Entscheidung nicht bewusst. Es war üblich, dass sich Kinder den Ratschlägen und Anordnungen ihrer Eltern fügten. Selten durften sie eine eigene Meinung äußern.

Mein Klassenlehrer auf der Höheren Handelsschule schrieb mir eine Beurteilung. Ihm ist es auch zu verdanken, dass ich in Frankfurt beim Verband Deutscher Rentenversicherungsträger eine Anstellung fand. Ab dem ersten April 1957 fuhr ich jeden Tag, vorerst auch an den Samstagen, nach Frankfurt und begann dort meine berufliche Laufbahn als Stenotypistin, Schreibkraft und späterhin als Sekretärin. Es war ein Job, den ich immer gerne ausgefüllt habe. Es machte mir Freude zu arbeiten.

Nachdem also »der Ernst des Lebens über mich hereingebrochen war«, wird es nun für mich Zeit, auch in meinen Erinnerungen Abschied zu nehmen von meiner Kindheit und Jugendzeit auf der Hohen Tanne. Die Kriegsjahre und die Jahre der Entbehrungen hatte ich gut überstanden. Die Siegermächte hatten Deutschland unter sich in vier Zonen aufgeteilt. Die Trümmer in den Städten verschwanden nach und nach. Die Wunden in den Seelen und Herzen der Menschen konnten nicht so schnell beseitigt werden. Da sollte die Heilung wesentlich mehr Zeit in Anspruch nehmen. Die Währungsreform 1948 wurde mir als Kind von acht Jahren nicht direkt bewusst. Ich war hineingewachsen in die Zeit des Wieder-Fußfassens, des Orientierens und des Wiederaufbaus eines durch eigenes Verschulden gebeutelten und am Boden liegenden Landes – eine schwere Zeit.

Eine schwere Zeit. Aber trotz allem oder gerade trotzdem sind diese Jahre für mich zu einer wertvollen Erinnerung geworden. Eine Erinnerung an Ereignisse, an Erlebtes und auch an Menschen, die mir nahestanden und die für immer einen Platz in meinem Herzen gefunden haben. »Erinnere Dich gerne an Deine Tante Sauer«, schrieb mir diese am 26. Februar 1950 mit den folgenden Worten in mein Poesiealbum – und ich erinnere mich gerne:

O Jugendzeit! Was liegt in diesen Klängen
Für eine wundersam bewegte Melodie.
Wie viel Gestalten sich dazwischen drängen,
Sie spricht zum Herzen und veraltet nie!
Mit Schmerzenssehnsucht wird es Dich durchbeben,
Treibt Dich das Schicksal in die Welt hinaus!
Denn was sich niemals wiederholt im Leben:
Das bleibt die Jugend und das Elternhaus.

Epilog

Seit Jahren nun ist mir das Ronneburger Hügelland zur zweiten Heimat geworden. Einundzwanzig Jahre habe ich auf der Hohen Tanne bei Hanau gelebt. Als Kind habe ich dort den Zweiten Weltkrieg überstanden. Von dort aus bin ich in die Grundschule nach Wachenbuchen und anschließend zum Gymnasium nach Hanau geradelt. Den I-Punkt meiner Ausbildung setzte der Besuch der Höheren Handelsschule. Dort haben die Lehrer die Grundlage gelegt für meine spätere Berufstätigkeit. Früh habe ich meinen jetzigen Mann kennengelernt, habe mit einundzwanzig Jahren geheiratet und bin von zu Hause ausgezogen. Es hat mich nach Ronneburg-Hüttengesäß verschlagen. Hier ist mein Mann aufgewachsen. Sein Vater war dort Grundschullehrer, war bekannt und hatte Verbindungen. Das junge Paar konnte schneller eine Wohnung finden, als dies in Hanau möglich gewesen wäre.

Viele Jahre sind seitdem vergangen. Seit über dreißig Jahren wohnen wir im eigenen Haus. Unsere beiden Töchter sind vor langer Zeit ausgezogen und haben ihre eigenen Familien gegründet. Das Haus ist leer geworden.

Ein geräumiges Haus mit vielen Zimmern, Schränken, Nischen und Ecken ist für mich ein großes Glück. Viele Möglichkeiten tun sich auf, Liebgewordenes unterzubringen. Oft stöbere ich in alten Glückwunschkarten, Briefen, Geschriebenem, Büchern oder Fotos. Das Erinnern an glückliche oder auch mal weniger glückliche Tage kommt mir vor wie das Stöbern in einem alten Schrank mit zahlreichen kleinen Schubladen. Einen imaginären alten Apothekerschrank stelle ich mir vor. In Gedanken mache ich behutsam ein kleines Schublädchen in diesem alten, schon von Wurmlöchern durchsetzten Schrank auf. Ganz vorsichtig ziehe ich es nach vorne. Kein noch so kleines Fetzelchen der Erinnerung soll mir verloren gehen. Manches Mal finde ich nur ein paar Krümel ganz unten auf dem Boden. Ich versuche, sie zusammenzusetzen zu einem Mosaik. Fehlen ein paar Teilchen zu diesem Puzzle der gespeicherten Wahrnehmungen, so muss ich eventuell nochmals eine kleine Lade zusätzlich aufziehen. Es könnte sein, dass Erlebnisse und

Vorgänge falsch abgelegt und nicht richtig einsortiert wurden. Asta Nielsen soll gesagt haben: »Je älter wir werden, umso kürzer wird unser Gedächtnis und umso länger unsere Erinnerungen.« Mein Gedächtnis ist recht kurz geworden und verlässt mich manches Mal. Die Erinnerungen werden mit den Jahren zwar immer länger, aber niemals kann ich sie noch alle in den kleinen Fächern des alten Erinnerungsschrankes finden. Oft fange ich mit dem Suchen von vorne an. Eine Nachverfolgung bis zum Ursprung, dem Einsortieren in die Schublade, fällt schwer.

Auch auf meiner Spurensuche konnte ich nicht alle Erinnerungen wiederfinden. Der Schrank ist so alt. Er hat schon Risse und die Fugen zwischen dem Holz sind etwas breiter geworden im Laufe der Zeit. Mit Sicherheit sind kleinste Erinnerungsstücke dazwischengerutscht und für immer verloren gegangen. Dies bedauere ich sehr. Ich werde weiter nach Erinnerungen kramen. Es macht mir Freude.

Quellen

Frau Bettina Bange

Dr. Ewald Fischbach
»140 Jahre Karl-Rehbein-Schule«

Frau Elli Wolf

Ebenfalls bei TRIGA – Der Verlag erschienen

Ingrid Wilke-Bury

Momente

alltäglich – kostbar – lebenswert

Lebensimpressionen

Das Leben ähnelt einem fahrenden Zug. Menschen, Umgebungen, Situationen – Bilder und Eindrücke rauschen an uns vorbei. Moment folgt auf Moment im alltäglichen Einerlei. Doch immer wieder gibt es sie: diese besonderen Momente! Eine Beobachtung, ein Gefühl, ein Gespräch lassen uns aufhorchen und bleiben uns in Erinnerung.

Mit Geschichten und Gedichten lädt die Autorin ein, an ihren Momenten teilzuhaben. Vielleicht kommt Ihnen ja manches bekannt vor?

132 Seiten. Hardcover. 11,90 Euro. ISBN 978-3-95828-039-7

Ingrid Wilke-Bury

Auf einen Augenblick

Das Leben erleben im Kreislauf der Jahreszeiten

mit Zeichnungen von Reinhold Busch

Momentaufnahmen des Lebens, bewusst wahrgenommen und festgehalten. Geschichten und Gedichte von Ingrid Wilke-Bury, mal besinnlich, mal heiter, voller Poesie – das Leben erleben im Kreislauf der Jahreszeiten. Sich freuen auf den Frühling, wenn die Natur wieder grün wird. Sommertage genießen, die Wärme der Sonne auf der Haut spüren. Den Herbst lieben, mit seinen Stürmen, bunten Blättern, dem Zug der Kraniche, die den nahenden Winter ankündigen. Die Stille der kalten Jahreszeit, Eis und Schnee. Augenblicke, Gefühle, Gedanken, Empfindungen, so wertvoll wie das Leben selbst.

152 Seiten. Hardcover. 11,90 Euro. ISBN 978-3-89774-746-3

Ingrid Wilke-Bury

Feldpost

Meine Welt ist eine andere geworden

2. Auflage · Mit Fotos

Spurensuche: Ingrid Wilke-Bury, 1940 in Hanau geboren und auf der »Hohen Tanne« aufgewachsen, lässt uns teilhaben an einer bewegenden Begegnung mit der Vergangenheit. Nach dem Tode ihrer Eltern findet sie in einem alten Koffer die Feldpostbriefe ihres Vaters, und stellt daraus das Fragment eines privaten Kriegsberichtes zusammen.

406 Seiten. Paperback. 16,80 Euro. ISBN 978-3-95828-282-7
eBook. 8,99 Euro. ISBN 978-3-95828-022-9

Ingrid Wilke-Bury

Grüne Hügel

Wie war das doch damals?

Was bleibt vom Leben? Von einem langen Leben? Im Verborgenen untergetauchte Erlebnisse und Empfindungen, die im Alter als Erinnerungen wieder an die Oberfläche kommen. Es sind die kleinen Dinge, die unser Leben ausmachen. Momente, bewusst wahrgenommen im Augenblick des Erlebens und im Unterbewusstsein abgespeichert. Solche Momente ihres Lebens hält Ingrid Wilke-Bury in diesem Buch fest. Humorvoll und lebensnah erzählt sie Episoden aus der ersten Zeit als Jungverheiratete in Hüttengesäß und dem Leben in Ronneburg, das ihr zur zweiten Heimat wird. Die »Grünen Hügel«, zwei schmucklose Verkehrskreisel vor den Toren des Ortes, bieten dabei Stoff für eine satirische Betrachtung.

134 Seiten. Paperback. 12,80 Euro. ISBN 978-3-95828-197-4